LE
MAITRE D'ESCRIME,

OU

L'ART DES ARMES.

LE
MAITRE D'ESCRIME,

OU

L'art des Armes

DÉMONTRÉ PAR DEMEUSE,

ÉDITION ORNÉE DE 14 GRAVURES.

A PARIS,

Chez DELARUE, Libraire, quai des Augustins ;
Et à LILLE, chez CASTIAUX, Libraire, Grande place.

Imprimerie de BLOCQUEL , à Lille.

INTRODUCTION.

L'HISTOIRE nous apprend que ce furent les peuples d'Athènes qui se servirent les premiers de la pointe, art qui fut bientôt perfectionné sous le nom d'Escrime, par les Romains, qui se piquaient de ne rien ignorer de ce qui pouvait conduire à la victoire, soit dans les batailles générales, soit dans les combats singuliers.

Mais cet art, dans son enfance, devait être peu de chose, comparé à la perfection qu'on lui a donnée de nos jours ; où l'on a assujetti tous les arts aux principes de la science géométrique.

Sans trop remonter aux temps reculés, on voit que l'art des Armes était plutôt une pratique brutale, qu'un art

1 *

qui apprend à se défendre avec adresse
et légèreté contre un agresseur qu'on
ne peut ramener que par la voie des
armes.

» Dans les combats particuliers , dit
» le savant Montesquieu , les Cham-
» pions étaient armés de toutes pièces
» et avec des Armes pesantes , offensi-
» ves et défensives , celles d'une certaine
» trempe et d'une certaine force , don-
» naient des avantages infinis. » Et l'on
ajoutait à cette ridicule façon de s'ar-
mer , l'opinion , plus ridicule encore,
des Armes enchantées , qui faisaient
tourner la tête à bien des gens.

» De là , continue le même auteur ;
» naquit le système de la chevalerie.
» Tous les esprits s'ouvrirent à ces
» idées. On vit dans les Romans des
» Paladins , des Négromans , des Fées ,
» des Chevaux ailés ou intelligens , des

» Hommes invisibles ou invulnérables,
» des Magiciens qui s'intéressaient à
» la naissance ou à l'éducation des
» grands personnages, des Palais en-
» chantés et désenchantés : Dans notre
» monde, un monde nouveau, et le
» cours ordinaire de la nature laissé
» seulement pour les hommes vulgaires.

» Des paladins toujours armés dans
» une patrie du monde pleine de châ-
» teaux, de forteresses et de brigands,
» trouvaient de l'honneur à punir l'in-
» justice et à défendre la faiblesse.
» De là, encore dans les Romans, la
» galanterie, fondée sur l'idée de l'a-
» mour, jointe à celle de force et de
» protection.

Le luxe prodigieux de la ville de Ro-
me fit régner dans cette capitale les
plaisirs des sens. Une certaine tran-
quillité dans les campagnes de la Grè-

ce, fit décrire les sentimens de l'amour.
L'idée des Paladins, protecteurs de la
vertu et de la beauté des femmes, con-
duisit à celle de la galanterie.

Cet esprit se perpétua, par l'usage
des Tournois, qui unissant ensemble
les droits de la valeur et de l'amour,
donnèrent encore à la galanterie une
grande importance ; mais, pour en
prouver le ridicule, ne citons que l'ouvrage de *Cervantès*, qui nous a si bien
peint *les mœurs de son temps et de sa
nation.*

Il ne faut que des yeux et des oreil-
les pour juger combien l'art des Armes
était destitué de principes dans ce temps
où l'on se battait pour une chimère,
où l'on s'escrimait contre un fantôme.

Mais, quand on compare l'état où
se trouvait l'art des armes dans les temps
passés, avec celui où il se trouve au-

jourd'hui ; on ne peut qu'admirer les soins que l'on s'est donnés pour le perfectionner , et savoir gré à tous ceux qui ont bien voulu y coopérer; car il n'est point de maître , dans telles erreurs qu'il ait put tomber d'ailleurs , qui n'ait dit quelque chose d'utile, et qui n'ait contribué , soit directement ou indirectement , à la perfection de cet Art. Les *Liancourt,* les *la Batte* , les *de Brie* , les *Gérard* , les *Saint-Martin* , les *Danet* , les *Angelo* , les *Gordine* , les *Braimont* , et beaucoup d'autres très – experts , ont eu certainement en vue de perfectionner l'art des Armes ; mais nous avons trop bonne opinion de leur façon de penser , pour croire qu'ils aient prétendu , non plus que nous, à l'infaillibilité. Dans un art qui dépend des divers mouvemens du corps , de la flexibilité , de la force, et de saisir surtout l'instant favorable à

son dessein , en découvrant celui de
son adversaire , on conviendra qu'il est
des choses que la nature donne , et que
l'art seul ne saurait procurer.

En rendant à notre siècle tout l'honneur qui lui est dû , ne le flattons
pas du vain titre de ne rien laisser à
faire , à ceux qui nous suivront. Il n'est
pas de la nature des choses humaines
d'être rendues telles qu'on ne puisse
plus en augmenter la perfection.

La protection particulière que *les*
Souverains , par raison et par un principe de politique , ont accordée à cet
art , et à ceux qui le professaient . n'a
pas peu servi à en rehausser le mérite ,
et comme l'état de gentilhomme et de
militaire est un des plus respectables et
des plus utiles , il n'est pas étonnant
qu'on lui ait accordé une attention particulière.

Louis XIII, roi de France, accorda, en 1643, des lettres-patentes, aux Maîtres dans l'art des Armes. Il contribua, par cette sage disposition, à rendre recommandable à sa noblesse un art qui semble lui appartenir d'une façon particulière, et l'empêcha d'aller ailleurs en acquérir les principes.

Dans la suite, la jeune noblesse étrangère crut qu'il manquait quelque chose à son éducation, si elle n'avait pas pris des leçons pour les armes dans les académies françaises.

Cet art, si dangereux et quelquefois si cruel, est malheureusement devenu nécessaire : il entre dans la bonne éducation, et contribue beaucoup au développement des grâces du corps ; et il est en si haute réputation dans les Indes orientales, qu'il n'est permis qu'aux souverains et aux princes d'en donner des leçons. Mais, en France, où ce soin est confié à des Maîtres, il ne devrait y avoir personne portant l'épée, qui n'apprit à s'en servir dans l'occasion : Dans une ville surtout, où le port des Armes est général et où le goût et les dispositions de la nation sont portés et propres à cet exercice ; ce sont les armes qui règlent l'ambition de la jeunesse, modèrent sa témérité, tempèrent sa pétulance, adoucissent son caractère et animent sa confiance.

C'est d'après cet exercice qu'on apprend à se vaincre pour vaincre *les autres.*

Je n'ai garde de m'étendre ici sur le mérite des leçons que je donne dans mon Academie et sur la méthode particulière que j'enseigne à mes Académiste ; c'est aux connaisseurs à en décider. Au reste, instruit moi-même par les meilleurs Maîtres, ayant fréquenté des Académies renommées, j'ai cherché à ajouter à ce que j'y ai vu pratiquer, ce que j'ai cru nécessaire et essentiel pour parvenir à la vraie perfection des Armes.

LE
MAITRE D'ESCRIME,
OU
L'ART DES ARMES.

CHAPITRE PREMIER.

UTILITÉ DES ARMES.

Quand l'exercice des armes ne serait pas aussi utile qu'il l'est pour la défense de la vie, qu'il ne mettrait pas à l'abri de l'insolence des fanfarons qui courent le monde et qui cherchent à attaquer ceux qu'ils savent ne pas être en état de se défendre ; quand il ne procurerait que de l'adresse et de l'aptitude à plusieurs talens militaires, qu'il ne servirait qu'à délier les membres, à former la constitution, à affermir le tempérament, à adoucir le caractère, à temparer la bouillante jeunesse, qu'il ne servirait enfin qu'à entretenir la souplesse, la vivacité, la force, la santé, ces objets seraient déjà trop

considérables pour être négligés par ceux qui
veulent perfectionner leur éducation.

Les armes semblent faire sortir plutôt la jeunesse de l'enfance. Comme on ne connaît ses
forces qu'après les avoir exercées, on ne peut
savoir ce que l'on veut qu'après avoir fait
épreuve de son courage Celui qui ignore absolument l'art des armes, ignore aussi ce qu'il
doit faire dans une attaque pour sa défense. Il
cherche à porter des coups, à éluder ceux qu'on
lui porte, mais l'adresse et la souplesse n'é-
tant pas unies aux forces naturelles, ses efforts
sont souvent vains; s'ils ne lui deviennent pas
à lui-même dangereux. Je sais qu'il n'y a point
de règle sans exception, et que quelquefois on
a vu des personnes instruites dans l'art des armes succomber sous les efforts de ceux qui l'i-
gnoraient; mais ce défaut ne doit pas être im-
puté aux armes, parce qu'il est démontré que
l'homme brave qui les connaît sortira avec avantage d'un danger où l'homme valeureux mal-
adroit périra.

J'ai cherché, dans ce Traité, à inspirer le
goût des armes, en simplifiant les règles qu'il
faut suivre, les principes dont on ne doit pas

s'éloigner, et si je n'ai pas réussi au gré de tous mes lecteurs, qu'ils pensent, comme moi, que

L'homme est, dans mille erreurs, sujet à s'égarer ;
L'honnête homme en rougit, et sait les réparer.

S'ils ont la complaisance de me faire apercevoir de mes fautes, j'aurai la bonne foi d'en convenir, et de les réparer.

<hr>

CHAPITRE II.

DU CHOIX DES ARMES, etc.

Avant de traiter des armes, il est convenable, je crois, de dire un mot sur le choix qu'on en doit faire. Le premier soin d'un homme qui porte l'épée pour sa défense, est de savoir choisir une bonne lame ; car quelque soit la science de l'artiste et de l'ouvrier, ils ne feront jamais de bon ouvrage avec de mauvais instrumens.

La bonté et la solidité d'une lame se connaît lorsqu'elle a la côte du milieu assez épaisse pour lui donner la consistence qui lui convient. Elle doit être bien évidée et très-polie ; en sorte qu'en passant le bout du doigt dessus d'un bout à l'autre, on n'y sente aucune ondulation, qui est la marque ordinaire d'une lame mal faite.

Les moindres pailles, qui sont de petites particules de fer détachées de la masse, et qui n'y sont qu'adhérentes, sont un très-grand défaut dans une lame : Le poli les cache ; mais pour les apercevoir, il faut pousser la lame contre un mur, et pour peu qu'on la fasse plier à droite et à gauche, elles se manifesteront visiblement.

Cette preuve n'est pas l'unique qui soit nécessaire pour juger de la bonté d'une lame, il faut encore observer, si, en la faisant plier de la pointe jusqu'aux environs de quinze pouces de la garde, sans la forcer, elle forme bien le cercle. Si elle reprend sa première forme, on peut la juger très-bonne ; mais si elle résiste et que les plis demeurent, elle est infailliblement mauvaise.

Mais pour juger de la bonté de la matière, il faut casser un petit morceau de la pointe ; si l'intérieur est gris, qui est la couleur de la bonne trempe, la lame est bonne ; et si, au contraire, elle est blanchâtre, elle est absolument mauvaise. Un degré de plus ou de moins de chaleur dans la trempe, peut rendre le meilleur fer défectueux, comme il arrive tous les jours aux meilleurs ouvriers en ce genre.

En vain la pierre serait de la meilleure qualité du monde, elle n'est d'aucun usage, si la main du maçon ne sait la placer; en vain le géomètre le plus expert s'épuiserait en démonstrations, elles ne seront jamais justes, s'il se sert d'un mauvais compas, d'un mauvais rapporteur. De même, quelque bonne que soit une lame, il faut encore qu'elle soit bien montée. Cet objet est d'autant plus essentiel, qu'on ne saurait lui donner trop d'attention, puisqu'il s'agit de sa propre sécurité.

Le corps de la garde doit être un peu incliné en quarte, pour faciliter la pointe. La poignée doit être assez longue et carrée pour être tenue plus fermement dans la main et sans gêne, parce que la forme ronde a moins de prise et est plus difficile à tenir.

Si elle se trouve plus grosse qu'il ne faut pour la main qui doit s'en servir, on doit faire limer l'intérieur du pommeau, sans souffrir que le fourbisseur, pour la diminuer, en lime la soie. Il faut aussi avoir soin d'en faire remplir le vide en le forçant avec le marteau, et de faire river la soie en pointes.

Les lames vidées sont plus commodes que les plates, à cause de leur légèreté, et qu'elles sont d'une plus juste proportion. Elles doivent avoir, depuis la garde jusqu'à la pointe, environ 3o pouces de France. Les longues lames sont dangereuses, parce qu'elles obligent à raccourcir le bras. Il semble d'ailleurs que le choix d'une longue lame fasse soupçonner dans celui qui la porte, une certaine crainte d'être touché, malgré le goût ferrailleur qu'elle lui décide, dans l'esprit de ceux qui ne jugent pas sur les apparences.

Un ardent désir d'apprendre ne suffit pas, il faut encore beaucoup d'attention, de mémoire et de docilité ; de l'intelligence, de la réflexion, et une longue pratique.

Les principaux fondemens de la science des armes sont, la fermeté, la souplesse, l'équilibre du corps, la connaissance des mouvemens, la mesure dans l'exécution, la précision dans les parades et surtout dans les ripostes. C'est à un tact léger, et souvent presqu'imperceptible, que l'on doit juger et prévenir les desseins d'un ennemi. Nous le disons en commençant ce traité, et nous le répéterons souvent dans la suite, parce que tout ce qui est essentiel ne saurait être trop répété.

La façon de tenir son épée n'est point arbitraire. Il faut que la poignée soit au milieu de la main, le pommeau à la sortie du côté du petit doigt, le pouce étendu sur le plat de la poignée, qui doit être étroitement embrassée, sans que la main soit en aucune façon gênée. Toute gêne, toute contraction dans les parties du corps, en rendent, dans les armes, l'usage inutile, et souvent même dangereux.

Toutes ces dispositions essentielles, ne sont néanmoins que des accessoires au principal. Lorsqu'il s'agit de se mettre en garde, il faut se mettre dans une attitude naturelle, avoir beaucoup d'aisance, d'assurance et de grâces, et les aplombs et les positions dont nous allons traiter.

Le corps en force et en liberté, doit être droit sur les hanches, les deux pieds fermes à terre et à plat, le jarret et la cuisse bien tendus, le pied gauche formant une demi-équerre par le talon droit directement posé à la cheville du pied gauche, comme il se voit à la planche de la première position.

Le bras, comme on le voit à la deuxième planche de la deuxième position, doit être absolument alongé et dans un état de flexibilité libre et aisé, pour avoir les mouvemens plus rapides; la main doit être à la hauteur du téton en ligne parallèle, les ongles en haut, le coude rentré en dedans, les épaules bien effacées, le bras gauche alongé en demi-cercle, et la main à la hauteur du front. Les doigts doivent être un peu ouverts, le coude aussi en dedans de façon que l'épaule soit effacée et qu'il ne paraisse aucune roideur dans aucune partie du corps.

Dans cette position, en pliant les deux jarrets, *la jambe droite se détache de la cheville du pied gauche à la distance de deux semelles ouvertes et en faisant un appel du pied droit, et prenant sa garde,* le genou droit se trouve perpendiculaire à la boucle du soulier du pied droit, et le genou gauche également à la pointe du pied gauche. La tête doit être droite, mais un peu plus en arrière qu'en avant, les épaules ouvertes et bien effacées. Mais ce n'est pas assez d'être dans cette position, il faut apprendre à en sortir, suivant les règles, sans rien perdre des attitudes qui sont nécessaires.

Marcher, ou ce que l'on appelle serrer la mesure, pour se mettre à portée de toucher, sans changer la position du corps, c'est marcher et avancer le pied droit d'une semelle et demie, et faire suivre le pied gauche à la même distance, de façon qu'il se trouve toujours entre les deux talons, un intervalle de deux semelles, sans traîner le pied, mais le lever seulement d'un pouce de terre, et qu'en le posant, le talon soit toujours le dernier à appuyer; d'où l'on voit qu'il est essentiel d'avoir de la mémoire pour se ressouvenir de toutes ces différentes attitudes dont il n'est aucune qui ne soit essentielle, et qui ne doive faire partie de l'ensemble des mouvemens qui, quoique distraits les uns des autres, doivent avoir un rapport qui les lient, et les rendent dépendantes les unes des autres.

Faire retraite, ou rompre la mesure, c'est faire directement ce qui est opposé à la marche ordinaire; c'est-à-dire, qu'en portant le pied gauche en arrière de la longueur d'une semelle, en faisant faire la même motion au pied droit, sans le traîner, les deux jambes se trouvent toujours parallèles et en ligne droite. Par cette retraite, on connaît le jeu de son adversaire.

CHAPITRE III.

DU SALUT.

Pour faire le salut sous les armes de bonne grâce, il faut que les mouvemens par lesquels il s'opère, se succèdent et soient liés, quoique différens et distincts.

On commence par frapper un appel du pied droit, en portant, en même temps, la main gauche au chapeau, et l'ôtant avec grâce, sans précipitation, sans mouvement de tête, et en regardant le maître ou la personne avec laquelle on fait des armes, observant de lever le poignet droit au-dessus de la tête, dans le temps que le bras gauche reprend sa seconde position.

On pose ensuite le talon du pied droit contre la cheville du pied gauche, et, les jarrets tendus et le corps droit et ferme, on passe le pied gauche en arrière à la distance de deux semelles, en se remettant en garde, et frappant de rechef un appel du pied droit ; puis l'on pose la jambe gauche derrière le talon droit à la cheville du pied gauche.

Alors le salut se marque par un mouvement du poignet que l'on tient à la hauteur de l'épaule du côté de quarte et du côté de tierce, mais toujours avec aisance, liberté, grâce et dextérité : ensuite il faut couper en devant, et plier l'avant-bras droit pour le rendre souple et flexible, et reprendre sa première position dans le même ordre et de la même façon qu'on l'a quittée.

CHAPITRE IV.

DE L'ALONGEMENT.

Il y a trois mouvemens principaux pour rendre le coup d'épée à son but : 1.°, il faut se placer, comme nous l'avons dit ci-devant, en parlant de la première position, déployer les bras pour prendre sa garde régulière et fixer la vue en même tems au but et à la pointe de l'épée, sans vaciller en aucune façon, c'est-à-dire, en gardant fermement tous ses points d'appui ou ses aplombs, en pliant les deux jarrets, pressant l'appui de la garde, sans gêne et sans contrainte, et sans que le pied gauche bouge de sa place.

Le premier mouvement requis, est de lever l'avant-bras droit à la hauteur du front, d'avoir les ongles en haut, le coude en dedans, l'épaule bien cavée, et que le bras gauche tombe négligemment à quatre pouces de distance de la cuisse gauche, vis-à-vis la couture de la culotte, mais de façon néanmoins qu'il y paraisse de la force et de l'activité, *et se ressente de celle du corps.* On se sert ici du mot *négligemment*, pour marquer qu'il ne doit paraître dans l'homme sous les armes aucune contrainte, aucune gêne, rien enfin qui puisse paraître ni trop fanfaron ni guindé.

Le second mouvement se fait en tendant le jarret gauche avec beaucoup de célérité, sans néanmoins que le corps fasse le moindre mouvement, c'est-à-dire, qu'il se dérange de sa position.

Ces deux mouvemens ont un rapport essentiel entre eux. L'un ne doit aucunement déranger l'autre, ils doivent conserver identiquement l'ensemble, c'est-à-dire, qu'ils ne doivent faire qu'un seul et unique temps, qui doit s'exécuter avec autant d'aisance, de liberté, et de vélocité que de fermeté.

Le troisième mouvement consiste à prendre son alongement en réunissant à celui-ci toutes les motions ou l'ensemble des deux premiers ; observant que la pointe du fleuret doit arriver au but quelconque, avant que la jambe droite ne s'alonge. A cet effet, il faut tendre le jarret gauche avec autant de rapidité que d'assurance, afin que le coup arrive comme un éclair.

En liant ces trois mouvemens de façon qu'ils n'en fassent, pour ainsi dire, qu'un seul, et ne forment qu'un temps, conservant invariablement l'attitude et les formes que nous avons dites en parlant du premier mouvement.

Après avoir exactement exécuté ces trois mouvemens essentiels, il faut se remettre en garde, jetant le corps un peu sur la hanche gauche, pour ne pas charger la partie du corps qui travaille pour se remettre en garde, et maintenir toutes les autres dans la même position. On plie le genou gauche pour donner au corps l'aisance de se replacer avec fermeté, en levant le pied au rez de terre, sans le traîner et sans qu'il fasse aucun signe d'appel.

On s'alonge sur le plastron, ou but, placé à la muraille, pour s'habituer à prendre ses aplombs, pour y styler le corps et éviter les défauts que l'on contracterait infailliblement, sans cet exercice ; pour réunir les différens mouvemens, dont nous avons parlé, et en faire un ensemble, sans lequel on ne saura jamais tirer des armes, car ils en sont l'essentiel et la base.

C'est essentiellement d'après cet exercice que l'on apprend à *tenir le corps dans un* parfait équilibre, à conserver sans vacillation ses àplombs, qu'on acquiert de la fermeté dans l'alongement, de la justesse dans le coup d'œil, de la dextérité dans la main, de la solidité sur les jarrets, et de l'aisance à se remettre en garde avec autant de *souplesse que de précision.*

Après cet exercice, qui ne peut-être trop répété, pour les raisons que nous avons dites, on peut commencer à montrer à exécuter les différens coups des armes.

CHAPITRE V.

DE L'APPEL.

Pour former un appel du pied droit, il faut passer la pointe de l'épée, sans que le corps travaille, soit sur les armes ou dans les armes, appuyer le corps sur la hanche gauche, mais de façon qu'il soit aussi droit que ferme, afin d'avoir plus de liberté à exécuter les mouvemens de la main, sans que le corps, comme immobile, n'en fasse aucun.

L'appel ou l'engagement sert à connaître où l'épée est engagée, ou dans les armes, ou sur les armes ; à ébranler son adversaire par un mouvement prompt et rapide du pied et de la main, en passant la pointe de l'épée à l'engagement opposé à celui où l'on est.

CHAPITRE VI.

DE LA PARADE SIMPLE.

Avant d'enseigner à exécuter les parades simples, il est essentiel de dire qu'il en est de quatre espèces dans les armes : 1.°, la parade de quarte : 2.°, la parade de tierce : 3.°, la parade du demi-cercle : et 4.°, la parade d'octave.

La parade de quarte se fait en parant du talon de la côte supérieure, ayant les ongles en haut, le coude bien en dedans, l'épaule bien abaissée, l'avant-bras restant toujours dans la même position de la garde, la pointe bien soutenue devant la mamelle droite de l'adversaire. Nous observerons ici que, quand nous disons que la pointe doit être soutenue vis-à-vis de la mamelle droite, elle ne s'y trouve pas dans la planche ci-jointe, quoiqu'elle doive y être, parce qu'en en prévenant le lecteur, nous évitons la nécessité d'une seconde planche pour cet objet. Il ne doit y avoir que la poignée qui se dérange de la garde, par un mouvement du poignet et par un coup sec de deux ou trois pouces en dedans.

La pointe doit rester dans sa ligne directe, pour favoriser la riposte de quarte qui doit se rendre du tact-au-tact, en filant la main à la même hauteur que l'on trouve l'épée de son adversaire, sans lui donner aucune retraite.

Pour la parade de tierce, il y a trois coups d'épée à rendre du tact-au-tact de tierce. Savoir: le coup de tierce-sur-tierce; le coup de quarte sur les armes, et le coup de seconde.

Parade de tierce-sur-tierce.

Il faut parer d'un coup sec avec la côte supérieure, tournant en dehors le fort de l'épée, prenant le faible de celle de l'adversaire le poignet à la hauteur de l'épaule, la main bien renversée en dedans, l'avant-bras demeurant plié dans sa position, sans se déranger, à l'exception néanmoins du coude, qui doit tourner en dehors, à la hauteur du gros de l'épaule. La pointe doit se soutenir dans la ligne directe de la garde, pour rendre de suite la riposte de tierce-sur-tierce.

Il faut avoir soin, lorsque l'on veut rendre le coup de tierce-sur-tierce, de bien soutenir la pointe, et aussi-tôt que le coup de tierce-sur-tierce est arrivé au but, on doit desserrer un peu les doigts, et surtout le petit, qui donne toute la force à la main. Par là, on a l'aisance, si l'on veut, de faire rester la riposte sur le défaut du téton de son adversaire.

Il y a encore une deuxième et troisième façons de parer le coup de tierce par la riposte.

Parade de quarte sur les armes.

Pour la seconde, il faut parer de toute la force de la côte de l'épée du dehors, en lâchant le poignet d'un pouce et demi en dehors la main de quarte, le poignet et le coude toujours dans la même position, et, en soutenant la pointe, lâcher la riposte du tact-au-tact.

5*

Nous disons quarte sur les armes, parce qu'il est beaucoup plus avantageux de parer un dégagement dessus les armes par la main tournée en quarte dessus les armes , les ongles en haut, etc. , que de parer tierce et riposter la main de quarte , attendu qu'il faut faire un temps pour retourner la main , les ongles en haut, pour rendre cette même riposte ; ainsi , l'on peut aisément juger après cette observation.

Parade de tierce seconde.

Pour la troisième , il faut parer en tournant le poignet de tierce pour tirer seconde , enlevant l'épée de l'adversaire par un petit tact du fort et du tranchant de l'intérieur de l'épée tournée en dehors , le poignet à la hauteur de l'épaule , la pointe bien soutenue , la filer sous le bras de l'adversaire , l'y conduisant le plus fermement qu'il est possible, sans néanmoins serrer la main, ni aucune partie du bras , le coup de seconde , par cette façon de parer , s'applique entre le téton et l'aisselle (riposte très-dangereuse).

On fait quitter le fer , dans cette planche , contre les principes, pour pouvoir rendre de bouche la démonstration plus sensible.

Si l'on demande la raison pourquoi l'on exige de quitter la ligne du poignet dans cette parade de seconde , on répondra que , par cette
façon de parer , la riposte est beaucoup plus belle et plus avantageuse ; attendu qu'elle se rentre
de la même hauteur que tous les autres coups
qui se tirent dans la ligne , par la parade d'un
petit tact , en relevant l'épée de l'adversaire
pour se faire jour par dessous son bras , afin que
la pointe de l'épée puisse filer avec aisance le
long de son bras , pour arriver dans la même
ligne d'un dégagement dans les armes.

La parade du demi-cercle est une parade
qui n'est pas à la portée de tout le monde , parce que toute taille ne répond pas à la parade.

Lorsqu'un homme de petite taille risque qu'on
lui décide le coup au défaut de l'épaule , ce coup
devient imparable pour lui. Mais celui qui est
d'une taille raisonnable peut s'en servir facilement , et il en résulte un double avantage ; le
premier , qu'il combat les mauvais jeux que
quantité de maîtres enseignent , de ne jamais
tirer dans la ligne du téton , ce que nous appe-
lons des bottes de *Racroc* ; et le second , qu'a-
yant affaire à un adversaire dressé de cette façon,
le demi-cercle est d'un très-grand secours.

Pour le bien exécuter, il faut élever le poignet à la hauteur du menton, et se mettre dans la position que nous répétons souvent, parce qu'elle est essentielle : savoir, que les ongles soient en haut, le coude en dedans, l'épaule bien abaissée : alors on frappe par un mouvement du poignet un petit coup sec bien étroitement, la pointe *bien soutenue dans la ligne*, obligeant l'épée, en pliant un peu l'avant-bras, et lâchant le petit doigt pour que le pommeau soit tout à fait à l'aise ; on ne doit faire surtout aucun mouvement du corps, mais filer la pointe au corps, en tendant l'avant-bras et dirigeant le demi-cercle, *au défaut de l'épaule. Si on demande pourquoi,* en parant le demi-cercle, on n'exige pas ici que le bras soit tendu, quoique, dans cette planche, l'épée de l'écolier se trouve parée dans son fort, elle doit l'être dans le faible, mais on voit qu'en le faisant ainsi, il n'aurait pas assez d'extension ; on répondra que s'il était tendu, il passerait sous l'aisselle de l'adversaire, parce qu'il ne peut avoir aucune force, lorsque son bras est tendu ; la force d'un membre quelconque ne consistant que dans le mouvement et la flexibilité, et non dans la tension extraor-

dinaire qui les épuise ; au lieu que le bras à moitié tendu et flexible, le coude bien en dedans,
l'épaule, en parant, peut agir. Serrant alors
l'épée de l'adversaire, on a son tact-au-tact du
demi-cercle, d'une vîtesse et d'une rapidité
imparables, par l'action de l'avant-bras que l'on
conserve.

Parade d'octave.

La parade d'octave est une parade à la portée de tout le monde, parce qu'elle sert à parer une grande quantité de coups hors de la ligne.

Pour l'exécuter, il faut parer du fort et du
tranchant *du dessous de l'épée*, le faible de celle
de l'adversaire, le poignet écarté de deux pouces, l'avant-bras d'un pouce seulement, la
pointe soutenue, le poignet à la hauteur de
la garde régulière, l'avant-bras et le coude pliés
dans leur position : dans cet état, aussi-tôt que
l'on a paré par un petit coup sec, on file la riposte, en tendant le bras du tact-au-tact.

CHAPITRE VII.

PARADE NATURELLE; EXPLICATION DU TACT-AU-TACT.

Il y a deux parades naturelles, la *prime* et la *sous-prime* : les anciens maîtres appelaient cette seconde la *quinte*. La parade de prime est très-bonne pour combattre un jeu forcé, où un adversaire cherche à saisir le faible avec son fort.

Cette parade ne convient qu'à un jeu brut, non à celui qui est établi sur de vrais principes, qui détache avec aisance et légèreté. Elle se fait en parant *du fort et du tranchant du dessous de la lame*; ayant le poignet élevé à la hauteur de l'œil gauche, la main tout à fait renversée, la pointe vis-à-vis la partie inférieure du téton, le coude élevé de six lignes plus haut que l'épaule, l'avant-bras négligemment flexible, pour avoir la facilité de rendre la riposte de prime du tact-au-tact; ce que l'on appelle *céder à la force*. Mais il faut opposer la main gauche renversée à la hauteur du téton, le coude en dehors, pour empêcher que l'adversaire ne fasse coup pour coup.

On appelle parade de sous-prime, lorsqu'a-
yant la main de prime, on peut parer sous-
prime ; ce qui s'appelait *Quinte* par les anciens
maîtres, comme nous l'avons dit, à l'exception
néanmoins que la main, qui se trouve, en parant la prime, vis-à-vis de l'œil gauche, se
trouve en parant sous-prime vis-à-vis de l'é-
paule droite : alors on rend la riposte du tact-
au-tact dessous prime, en plongeant la pointe
au-dessous de l'estomac.

Nous avons parlé jusqu'ici du tact-au-tact ; il
convient de l'expliquer.

On appelle, dans les armes, du tact-au-tact,
lorsque l'on a paré tous les coups d'épée indistinctement, que l'adversaire tire lorsque son
pied droit tombe à son but, ayant attention que
la riposte qu'on doit lui rendre ne fasse qu'un
seul temps.

Si l'on demande s'il est toujours possible de
rendre la riposte du tact-au-tact, lorsqu'on a
affaire à un amateur qui s'abandonne sur son
alonge, on répond, qu'ayant exécuté la parade
de la façon qu'on l'a démontrée, on peut avoir
encore plus d'avantage sur un homme qui n'a
aucun aplomb, ni aucune alonge sûre, parce

qu'il ne peut ni décider ni toucher dans la ligne, suivant les principes, lorsque la lame adverse est soutenue en ligne droite au teton : de sorte que quand on aurait formé trois ou quatre parades, dès qu'il n'y a que le poignet qui agit, sans déranger le corps de ses aplombs, ni l'avant-bras de sa ligne, on peut toujours rendre la riposte du tact-au-tact.

Pour peu qu'on ait d'intelligence, de la force des muscles du corps humain et du parti qu'on en peut tirer, en les employant à propos et dans la direction et les points d'appui qui leur conviennent, on ne doutera pas du succès de notre méthode.

Si l'on demande pourquoi on ne fait pas élever la main, lorsqu'il s'agit de riposter les coups d'épée, on répond, que si on faisait élever la main, il faudrait quitter l'épée de son adversaire ; raison qui nous engage à ne pas permettre d'élever la main à cette riposte du tact-au-tact, car il faut faire un mouvement pour lever la main, et l'adversaire, en profitant pour se relever, ou pour faire une reprise de main de plus, il ne peut plus avoir cette vîtesse lorsqu'il file la pointe de son épée.

CHAPITRE VIII.

ATTAQUE SIMPLE.

Pour une attaque simple, on engage l'épée de son adversaire par un appel, connu sous le nom d'appel du pied droit, en passant la pointe de l'épée opposée à celle de l'adversaire ; c'est-à-dire, faire un ou plusieurs mouvemens légers.

Il faut engager *l'épée dessus les armes* avec fermeté et aisance ; tirer vivement un coup droit sans forcer l'épée, *fixer le point de vue*, avoir la main à la hauteur de l'œil droit, l'épaule abaissée, maintenir le coude dans sa *ligne* ainsi que le poignet, se remettre prestement en garde, conservant l'ensemble que l'on avait lorsqu'on s'est alongé, et avoir toujours la pointe vis-à-vis de l'estomac. On répète la même chose six ou sept fois, pour bien prendre le point de vue.

L'épée engagée dans les armes, il faut tirer vivement un coup droit, sans forcer la lame, les ongles bien rentrans ; le coude en dedans, l'épaule bien abaissée, la main à la hauteur de l'œil gauche, la tête droite et couverte, et se remettre vivement et prestement en garde, mais avec aisance et sans faire d'appel du pied.

Si, engagé l'épée dessus les armes, l'on sent de la résistance, il faut dégager dans les armes, en filant la pointe de votre épée en avant sous le poignet de l'adversaire tout le long de l'avant-bras, jusqu'au défaut de la saignée, ayant la main à la hauteur de l'œil gauche, les ongles en haut, le coude en dedans, la pointe soutenue : ensuite on allonge son dégagement avec légèreté et surtout avec beaucoup d'ensemble et de fermeté de corps ; puis on se remet en garde, en soutenant le talon de quarte ; ce qu'étant fait, et étant bien dans ses aplombs, *on tire un coup droit et l'on se remet en garde.*

On engage l'épée dans les armes ; aussitôt que l'on sent dessus de la résistance, puis on la dégage de dessus les armes, en filant la pointe jusqu'à la jointure du poignet de l'adversaire, et la soutenant dans cette ligne à la hauteur de l'œil droit et couvert ; pour favoriser la vitesse du dégagement ; puis on s'alonge la main légère ; on se remet vivement en garde pour tirer un coup droit.

Engagé l'épée dessus les armes, on pare

quarte sur le dégagement, paré quarte à sa retraite ; on ne peut lâcher la riposte, que lorsque
le pied droit est arrivé à sa place, le corps bien
aplomb ; alors on peut profiter de sa retraite
de quarte, en se remettant vivement en garde
et tirant un coup droit.

Engagé l'épée dans les armes, on pare tierce
sur le dégagement dessus les armes; l'adversaire
riposte d'un coup de seconde, dont on pare le
demi-cercle en faisant retraite, et on riposte
aussitôt que l'on est mis en garde et en aplomb.

On peut encore parer par le tact-au-tact de
seconde, par trois différentes parades à la retraite
aussitôt qu'on est remis en aplomb ; savoir,
la parade de demi-cercle, la parade d'octave et
la parade dessous prime.

La parade de demi-cercle est une des plus
avantageuses, parce qu'en parant le demi-cercle, on ramène son épée dans l'engagement, dans
les armes, et par là on a à découvert le corps
de son adversaire devant sa pointe.

La parade d'octave n'est pas aussi brillante
que celle du demi-cercle; mais l'avantage qui
en résulte est, qu'en se remettant en garde dans
le même ensemble que l'on s'est alongé, on est,

moins sujet à être touché ; parce que le mouvement de la parade d'octave n'est pas aussi long que celui du demi-cercle.

La parade de sous-prime n'est pas aussi avantageuse dans la riposte que les deux autres, par la raison que pour parer la sous-prime, après un dégagement dessus les armes, il faut renverser la main ; ce qui demande un mouvement.

CHAPITRE IX.

ATTAQUE POUR TROMPER LA PARADE SIMPLE.

Engagé *dessus les armes*, aussitôt que l'on sent le tact de l'épée de l'adversaire, c'est un signe qu'il veut forcer à faire un dégagement dans les armes ; mais, usant de prévoyance, on trompe sa parade de quatre ; par l'*une*, *deux* dessus les armes, ce qui l'oblige, par le premier mouvement, à parer quarte. On file aussitôt la pointe de l'épée dans les armes, jusqu'à la moitié de l'avant-bras droit de l'adversaire, la pointe et le corps soutenus, le poignet à la hauteur de l'œil droit, le bras un peu en dehors, pour couvrir la tête, achevant aussitôt

l'*une*, *deux*, avec précision et fermeté au pé-
faut de l'épaule , se remettant avec vivacité en
garde et en défense.

D'abord que l'on sent le tact de l'épée de l'adversaire , il faut engager l'épée dans les armes ;
car c'est un signe qu'il veut forcer à faire un
dégagement dessus les armes ; mais on le
trompe , en marquant l'*une*, *deux* , pour
l'obliger, par le premier mouvement, à parer tierce : on file la pointe de l'épée dessus
les armes , jusqu'à la moitié de son avant-bras ;
la pointe et le corps, encore une fois, bien soutenus, les ongles en haut, le coude en dedans,
l'épaule abaissée la main à la hauteur de l'œil
gauche; puis on file la pointe de l'épée le long
et en dedans du bras droit de l'adversaire, en
ligne droite , à son teton ; et, achevant l'*une*,
deux avec aisance, on se met prestement et
vivement en garde et en défense.

On engage son épée dans les armes , lorsqu'on
sent le tact de celle de l'adversaire ; alors on
tire un dégagement dessus les armes ; il faut parer tierce et un coup de seconde par le tact-
au-tact , et l'on se remet vivement en garde.

Il y a deux parades pour parer le dégagement

4 *

dessus les armes : la simple-de-tierce et le contre-de-quarte.

On engage son épée dessus les armes, lorsqu'on sent le tact de l'épée de l'adversaire, alors
on tire un dégagement dans les armes, parant
quarte et ripostant du tact-au-tact.

Il y a trois parades pour parer un dégagement
dans les armes ; savoir : la quarte, le demi-
cercle et le contre-de-tierce.

On engage son épée dessus les armes, en
masquant la parade de quarte, par l'*une, deux*,
dessus les armes ; puis, parant aussitôt quarte
et tierce, et ripostant de tierce-sur-tierce, on
se remet prestement en garde.

Il y a deux parades principales pour parer
l'*une, deux* dessus les armes; la quarte et tierce, ou bien le contre-de-quarte, dont nous par-
lerons dans la suite.

Si, engageant son épée dans les armes, on
trompe la parade de tierce, par l'*une, deux*
dans les armes, il faut parer aussitôt tierce et
quarte, riposter par le tact-au-tact de quarte,
et se remettre vivement et prestement en garde
et en défense.

Il y a encore d'autres parades pour parer

l'*une*, *deux* dans les armes ; savoir : la tierce
et quarte, ou bien le demi-cercle, l'octave ou
le contre-de-tierce.

Quand on a envie de parer le simple de tierce,
on court risque qu'on ne marque l'*une*, *deux*
dans les armes ; alors il faut revenir aussitôt au
simple-de-quarte.

Le demi-cercle est une parade dont on peut
se servir lorsque l'on marque l'*une*, *deux* dans
les armes, au dernier mouvement ; si la pointe
de l'épée de votre adversaire n'est pas dans la
ligne directe du téton, la parade d'octave est
très-bonne, pour barrer l'épée de l'adversaire,
sur l'*une*, *deux* dans les armes, au dernier
mouvement.

La parade du contre-de-tierce est très-solide
pour parer l'*une*, *deux* dans les armes, lorsque l'adversaire marque, avec légèreté de main,
en droite ligne du téton, un dernier mouvement.

Toutes ces parades ont chacune en particu-
lier leurs avantages, lorsqu'elles sont guidées
par le point de vue et par un tact délicat : La
parade de tierce et de quarte est bonne à exécuter, lorsqu'on a à faire à un homme qui a reçu
de bons principes ; parce qu'il tire son *une*

deux dans la ligne directe et avec délicatesse de la main.

La parade du demi-cercle est absolument nécessaire et indispensable, lorsqu'on a affaire avec un homme qui n'a pas l'intelligence de la ligne directe ; parce que le demi-cercle ramasse ses mauvais coups de *racroc*, et c'est en quoi consiste l'*utilité* principale de cette parade.

Il résulte les mêmes avantages de la parade d'octave, sur un homme qui n'observe pas la ligne : point essentiel dans les armes quand on veut opérer, d'après les meilleurs principes.

La parade du contre-de-tierce est plus avantageuse et plus *favorable que les* trois autres, sur *l'une, deux* dans les armes, au dernier mouvement, par la raison qu'il y a un double avantage à riposter par le tact-au-tact par trois différentes ripostes, qui sont, la riposte de tiercesur-tierce, ou le coup de quarte sur les armes, ou le coup de seconde, lorsqu'on a trouvé l'épée du talon du contre-de-tierce.

CHAPITRE X.

MANIÈRE DE DÉGUISER LES QUATRE PARADES DE L'*UNE*, *DEUX* DANS LES ARMES.

Il faut engager son épée dans les armes, aussitôt que l'on sent que l'adversaire s'oblige par son talon de tierce et de quarte : alors il faut marquer l'*une*, *deux*, *trois*, ou la double feinte dessus les armes, ainsi appelée par les anciens, la pointe soutenue jusqu'à ce qu'on ait fait perdre l'épée à l'adversaire, sur l'*une*, *deux*; il faut tirer et prestement, *une*, *deux*, *trois*, et se remettre en garde et en défense.

L'épée engagée dans les armes, on doit marquer *une*, *deux* dans les armes, pour obliger l'adversaire à parer le demi-cercle, la pointe un peu plus basse, mais on le surprend dans son demi-cercle, en marquant l'*une*, *deux*, tromper le demi-cercle, qu'il pare. On doit parer à sa retraite la simple quarte et riposter.

Engagé l'épée dans les armes, si l'adversaire pare sur l'*une*, *deux* dans les armes d'octave, il faut déguiser son octave, filer aussitôt la pointe de l'épée dessus les armes, comme en un dégagement simple, et se remettre en garde et en défense, mais toujours vivement et prestement.

Si l'épée engagée dans les armes, l'adversaire pare sur *une*, *deux* dans les armes le contre-de-tierce, on le trompe sur son contre en marquant l'*une*, *deux*, puis un dégagement dans les armes, attendu que, par son contre-de-tierce sur un dernier mouvement, on se trouve, contre lui, sur l'engagement de dessus les armes, que l'on tire aussitôt dans les armes.

L'épée engagée dans les armes, si l'adversaire pare le contre-de-tierce et le simple de quarte, on doit marquer *deux*, *une*, *deux*, une dans les armes et une dessus les armes, puis se remettre en garde et en défense.

CHAPITRE XI.

MANIÈRE DE DÉGUISER LES DEUX PARADES SUR L'*UNE*, *DEUX* DESSUS LES ARMES.

Aussitôt que l'on sent que l'adversaire force l'épée de tierce dessus les armes, c'est une marque qu'il veut forcer à marquer l'*une*, *deux* dessus les armes ; alors , s'il pare par le simple de-quarte et le simple-de-tierce , il faut marquer *l'une* , *deux* , *trois* , ou ce qu'on appelle double-feinte dans les armes , la pointe bien soutenue , la main à la hauteur de l'œil gauche , le coude en dedans , l'épaule bien abaissée , puis filer la pointe aussitôt en-dedans de son bras , et se remettre en garde et en défense.

Engagé l'épée dessus les armes , si l'adversaire pare *une* , *deux* , du contre-de-quarte sur un dernier mouvement , il faut suivre son épée du contre par un petit tour , pour lui faire perdre l'épée par un dégagement dessus les armes , et se remettre en garde et en defense.

Si l'épée , étant engagée dessus les armes , l'adversaire pare le contre de quarte et le simple-de-tierce, il faut marquer *deux* , *une* , *deux* , une dessus les armes et une dans les armes , et se remettre en garde et en défense.

CHAPITRE XII.

PARADE D'*UNE*, *DEUX* DANS LES ARMES.

Si l'adversaire engage l'épée dans les armes, on déguise la parade de tierce, marquant l'*une*, *deux* et parant tierce et quarte, si on ne trouve pas son épée.

Il faut parer au dernier mouvement le contre-de-quarte et riposter du tact-au-tact, et se remettre en défense.

Si l'on marque l'*une*, *deux* dans les armes, la pointe hors de la ligne, *il faut parer le demi-cercle*; et si l'on ne trouve pas l'épée de l'adversaire par la parade du demi-cercle, il faut barrer aussitôt l'épée de quarte et riposter de même, puis se remettre en défense.

Si l'adversaire marque l'*une*, *deux* dans les armes, il faut parer l'octave à la dernière feinte, et si l'on ne trouve pas son épée par la parade d'octave, il faut parer aussitôt tierce et riposter seconde par le tact; et ne trouvant pas l'épée d'octave, au lieu de prendre la parade de tierce, on peut parer du talon de quarte, mais en parant la tierce, il résulte plus d'avantage, parce que la pointe reste dans la ligne du corps.

Si l'adversaire marque l'*une, deux* dans les armes, il est essentiel de parer du contre-de-tierce, à la dernière feinte ; mais si l'on ne trouve pas son épée du contre-de-tierce, il faut venir aussitôt à l'épée de quarte ; et si on ne la trouve pas par le talon de quarte, il faut parer deux contres sur ses deux *une, deux* du contre-de-tierce et le contre-de-quarte, et se remettre en garde et en défense.

CHAPITRE XIII.

PARADE D'*UNE*, *DEUX* DESSUS LES ARMES.

L'adversaire engageant l'épée dessus les armes, marque l'*une, deux* pour faire perdre son épée de quarte ; mais il faut parer aussitôt du contre-de-quarte, sur son *une, deux*, à la dernière feinte, et si on ne trouve pas son épée de contre-de-quarte, parer le simple-de-tierce et se remettre en défense, toujours dans les dispositions que nous avons dites aux chapitre précédens, et que nous ne répéterons pas aux suivan-pour éviter les redites.

5

CHAPITRE XIV.

MANIÈRE DE PARER LA RIPOSTE DE TIERCE-SUR-TIERCE, ET EN QUARTE DESSUS LES ARMES.

Si on fait un dégagement dessus les armes, l'adversaire pare *tierce*, en rendant la *riposte* de tierce-sur-tierce; mais on doit parer à sa retraite, par la parade de prime, et riposter de même.

S'il riposte quarte dessus les armes à la retraite, il faut parer du demi-contre-de-quarte, riposter et *se remettre en défense*.

CHAPITRE XV.

DE LA PARADE DU CONTRE-DE-QUARTE.

Parer du contre, c'est décrire un cercle autour de l'épée de l'adversaire par un petit tour, pour l'écarter en la joignant.

La parade du contre-de-quarte est une des plus essentielles, et quiconque la possède de la façon qu'elle est ici enseignée, peut se flatter de posséder une grande partie de l'adresse de la riposte : il peut rendre inutiles toutes les entreprises de son ennemi, parce qu'elle embrasse presque tous les coups des armes.

Comme il n'y a que l'exercice qui puisse la rendre facile à la main, en rendre l'usage aisé, la pratique familière, on ne saurait trop la recommander. Elle s'exécute, tant de pied ferme, qu'en rompant, par gradation, du contre-de-quarte, du simple-de-tierce et du demi-cercle.

Elle pare tous *les coups d'épée* nommés un dégagement dessus les armes ; *l'une, deux* dessus les armes ; *l'une, deux, trois* dessus les armes ; le coupé sur pointe à la retraite.

Pour la former, il faut passer son épée par un petit tour, en joignant presque la lame de l'adversaire, sans que le poignet se bouge, si ce n'est lorsque la pointe a fait son tour ; alors c'est au poignet à travailler à son tour, en parant par la côte supérieure, les ongles en haut, le coude en dedans, l'épaule abaissée, la main doit riposter à la hauteur de sa garde, filer la pointe qu'il faut avoir soin de soutenir pour rendre la riposte du tact-au-tact avec plus de vîtesse.

Autant de fois qu'on ne peut trouver l'épée de contre-de-quarte, il faut parer le simple-de-tierce. Si ce simple devient inutile et ne produit rien, il faut employer le demi-cercle; et s'il en est de même du demi-cercle, il faut parer le simple-de-quarte, riposter du tact-au-tact, qui sera toujours devenu inévitable pour l'adversaire; puis remettez-vous en garde et en défense.

CHAPITRE XVI.

PARADE DU DEMI-CONTRE-DE-QUARTE.

Il faut distinguer le contre-de-quarte, du demi-contre-de-quarte.

On ne peut, par exemple, parer un demi-contre-de-quarte sur un dégagement dessus les armes, parce qu'il faut être engagé dessus les armes, pour parer un demi-contre-de-quarte, lorsqu'un adversaire tire un coup droit dessus les armes. Ainsi il n'y a que l'engagement qui diffère d'un contre à un demi-contre; mais cela n'abrège aucunement le tour que la pointe doit faire.

De sorte qu'un demi-contre-de-quarte ne peut servir qu'à parer un coup droit dessus les armes et à rompre les projets d'un adversaire.

Si l'on tire avec légèreté et délicatesse de main, il faut riposter par le tact-au-tact du demi-contre-de-quarte ; cette parade a le même effet que le contre-de-quarte.

Il y a encore une autre parade pour le coup droit dessus les armes, et c'est lorsque l'on a affaire à un homme qui tire un coup droit, en forçant l'épée adverse, en saisissant le faible par son fort ; alors il faut parer de la prime, et si on ne trouve pas la parade de prime, il faut revenir aussi-tôt dessous prime, appeler quinte et riposter de même : puis se remettre en garde et en défense.

CHAPITRE XVII.

DE LA PARADE DU CONTRE-DE-TIERCE.

La Parade du contre-de-tierce est plus difficile à exécuter que celle du contre-de-quarte ; aussi est-elle moins certaine, parce que ce n'est que hors de mesure que l'on doit s'en servir ; mais si on veut qu'elle ait le même effet que le contre-de-quarte , il faut avoir soin que l'adversaire ne soit trop engagé, et que la pointe de l'épée fasse un petit tour et qu'elle soit bien soutenue , le poignet en tierce , et lorsque la pointe fait son ouvrage, l'avant-bras restant en ligne , il faut riposter. *Il pare tous les coups d'épée nommés le dégagement dans les armes*, l'*une*, *deux* dans les armes au dernier mouvement, un coupé-dessus pointe dans les armes.

Toutes les fois que l'on ne trouve pas l'épée de l'adversaire du contre-de-tierce, il faut revenir parer le simple-de-quarte, et si cette tentative est inutile , on doit parer le contre-de-quarte , et l'on ne saurait trop le recommander. Il résulte des deux contres beaucoup d'avantages. Ils donnent la légèreté de la main, la délicatesse, la vîtesse, la précision, l'aplomb du corps , et rendent les nerfs souples et l'avant-bras moelleux et flexible.

CHAPITRE XVIII.

PARADE DU DEMI-CONTRE-DE-TIERCE.

Ayant dit la différence qui se trouve entre un contre et un demi-contre, il est inutile de le répéter ici.

Il y a deux parades pour parer un coup droit dans les armes ; la première, qui consiste à obliger le talon de quarte pour s'empêcher d'être touché ; mais il n'est pas conseillable de s'en servir, *parce qu'on n'a aucune riposte.*

La seconde, qui est le demi-contre-de-tierce, est la plus solide, et si elle devient inutile, employez le simple-de-quarte.

On doit s'appliquer à acquérir ces parades doubles *comme elles sont ici enseignées,* savoir: le demi-contre-de-quarte et le demi-contre-de-tierce ; parce que, dans tous les assauts, on peut s'en servir pour rompre tous les desseins d'un adversaire.

Par ces deux parades, on prévient ses projets, en changeant souvent l'épée d'un côté à l'autre, soit dessus les armes, ou dans les armes.

CHAPITRE XIX.

DU COUPÉ SUR POINTE.

On appelle couper sur pointe, l'action de passer ou dégager *son épée par dessus* celle de son adversaire, en tirant sur lui.

Beaucoup de personnes sont dans l'usage de ne tirer les coupés que dans l'attaque ; mais il n'est nullement conseillable de le faire, à la bonne heure dans la riposte après la retraite, par la raison qu'il faut faciliter l'exécution du coup *que l'on a paré*, en le jetant du poignet et de l'avant-bras, de façon que la lame ne s'écarte point de la pointe de l'épée de l'adversaire qu'à la distance de deux pouces. Mais lorsque l'on est vis-à-vis de sa pointe, il faut tendre le bras d'une grande vîtesse, jusqu'à ce que la pointe aît gagné la saignée du bras. Alors il faut tirer le coupé que l'adversaire peut parer par le sim-plé-de-tierce, ou pour le plus sûr, par le con-tre-de-quarte, lorsqu'il tire dessus les armes. Si on a tiré dans les armes, l'adversaire peut parer le simple-de-quarte ; mais il vaut mieux parer le contre-de-tierce.

Lorsque l'on a tiré un coupé, le grand et principal objet est de parer le double, soit dans les armes ou dessus les armes, par la raison, qu'après, on ne peut plus déguiser le contre. Ainsi, toutes les fois qu'un adversaire tire un coupé à la retraite, il faut parer le contre-de-quarte, pour le coupé-sur-pointe dessus les armes, et le contre-de-tierce dans les armes.

CHAPITRE XX.

MANIÈRE DE TIRER AU MUR, ET DE PARER.

Tirer au mur, c'est s'exercer à régler sa main et ses mouvemens, pour ajuster en ligne directe et avec justesse, la pointe d'une épée sur la partie du corps que l'on voit à découvert.

Cet exercice est le plus essentiel et le plus nécessaire de tous ceux qu'exigent les armes. Il produit quatre bons effets; la vîtesse, la fermeté du corps et des jambes, la justesse et la connaissance, sans lesquelles on ne fera jamais des armes. Pour tirer au mur, on doit se mettre dans ses aplombs , avoir le corps bien assis sur les hanches.

On ôte son chapeau de la main gauche , avec aisance , sans tourner ni baisser la tête ; on passe la pointe de l'épée par dessus la pointe de celle du Maître , en se relevant de la jambe droite , le talon à la *cheville du pied gauche* , les jarrets bien tendus , en coupant par un moulinet l'avant-bras gauche , se remettant dans sa position , le chapeau à la main gauche , et ouvrant bien les deux bras pour savoir lequel des deux doit s'alonger pour prendre sa mesure ; ordinairement la préséance appartient par politesse aux étrangers ; mais , *comme le Maître n'est pas considéré comme tel* , on s'alonge en prenant sa mesure.

Remis dans la ligne directe de la garde pour s'alonger , on s'alonge en laissant tomber le bras gauche dans la seconde position. On approche le bouton du fleuret fort près de l'estomac du maître ou de son prévôt , sans le toucher , mais seulement pour s'assurer de sa mesure.

On se remet aussitôt en garde , le bras gauche en haut dans sa première position ; puis on marque le salut des armes par deux mouvemens du poignet en quarte et en tierce ; on coupe par un moulinet, dans le même temps que le bras gauche remet le chapeau ; mais, en le quittant de la main dans un même temps, il faut se remettre dans la garde ordinaire.

On doit exécuter son mur en fixant le point de vue directement au téton ; puis l'on passe la pointe de l'épée légèrement dessus les armes, le corps bien soutenu, et en filant rapidement la pointe en avant.

On doit se mettre dans l'alonge ordinaire aussitôt que l'adversaire aura paré tierce par un coup sec, pour chasser l'épée de la ligne.

On doit encore laisser tomber l'épée, en la tenant des deux premiers doigts, le bras se trouvant néanmoins bien tendu, le coude en dehors, l'épaule cavée, la tête bien droite ; et, regardant entre le bras et l'épée, rester long-temps dans son alonge, pour soutenir avec opposition le corps dans les aplombs et examiner soi-même si tous les membres sont fermes et situés dans le dégré de perfection nécessaire.

Puis on se remet en garde ; on dégage de rechef, on tire un dégagement dans les armes, sans remuer le pied gauche, en observant scrupuleusement de faire les dégagemens fins, et de ne lever le pied droit qu'à rez de terre, pour gagner par là plus de vîtesse.

On doit observer la même régularité en s'alongeant dans les armes et dessus les armes, comme une chose essentiellement nécessaire.

On doit encore avoir soin de ne jamais faire un dégagement dessous le poignet; car ce serait aller contre les *principes* reçus et établis.

On finit de tirer au mur en se remettant dans sa première attitude, relativement au mur; et lorsque le maître ou celui qui préside à la salle, a pris sa mesure, on fait ensemble le salut du mur, en se remettant pour parer comme lui.

CHAPITRE XXI.

DE LA PARADE DU MUR

Parer au mur, signifie rester immobile et attendre le dégagement, pour apprendre à le parer, avec vivacité et sécurité par le seul mouvement du poignet, sans riposte sur le tireur.

Pour parer au mur, il faut se tenir bien en garde, le corps ferme sur les deux hanches, et que toutes les autres parties de l'individu soient aussi en état d'y concourir. Le pied gauche doit être ferme et d'aplomb à terre, la tête doit être droite, le poignet un peu plus bas que la garde ordinaire, en lui donnant un peu plus de jour.

Les règles établies pour parer du simple sont lorsque l'on se trouve à tirer au mur avec un étranger, ou dans une salle différente de celle où l'on se trouve habituellement.

Mais pour rendre le contre-de-quarte et le contre-de-tierce plus à la main, on peut s'en servir, lorsque l'adversaire tire de cette façon, mais cela ne doit être que par convention avec lui.

On peut doubler le dégagement pour obliger réciproquement à parer deux tours par le contre ; chose très-utile pour rendre le poignet flexible.

L'adversaire peut encore marquer des *unes*, *deux*, en tirant au mur, tant dans les armes que dessus les armes ; mais on les pare par le contre ; savoir : lorsque l'adversaire marque l'*une*, *deux* dessus les armes, on doit parer par le contre-de-quarte, à la dernière feinte, et

6

l'*une*, *deux* dans les armes le contre-de-tierce,
pour apprendre à le parer dans les assauts avec
ponctualité et précision.

Il est conseillable à toute personne qui veut
se perfectionner dans les armes, de chercher
autant qu'il est possible de tirer au mur de cette
façon, pour apprendre à détacher les *unes*,
deux, parce que rien ne conduit plus à l'agilité
et à la dextérité qui conviennent à cet exercice.

CHAPITRE XXII.

DE LA PARADE DU CERCLE ENTIER.

Parer du cercle, c'est former avec l'épée, un
moulinet pour écarter celle de l'adversaire,
mais avec vitesse et précipitation, en serrant
la pointe bien soutenue, l'avant-bras plié, le
coude en dedans, l'épaule affaissée, le pommeau de même, la main à la hauteur du menton. Cette parade exige que le corps et le poignet soient soutenus, beaucoup de souplesse
dans l'avant-bras; d'où il résulte que la riposte,
qui demande une entière fermeté sur les jambes,
pour être vive, devient absolument imparable.

Mais il ne faut se servir de cette parade que lorsque l'on a affaire à un ferrailleur *, et à un homme qui dirige des coups indignes de la noblesse des armes.

CHAPITRE XXIII.

DE LA PARADE DE L'OCTAVE ENTIÈRE.

On tire le même avantage de la parade de l'octave entière que de la parade du cercle entier, pour se garantir d'être touché par les ferrailleurs.

Par un moulinet en dehors des armes, vif et serré, la pointe soutenue dans la droite ligne, le poignet un peu en dehors, un petit coup sec; voilà tout ce qui peut s'opposer efficacement à tous les mauvais jeux qui pourraient se présenter, parce que de mauvais principes ne peuvent jamais avoir aucun accès contre les bons.

---

* Ferrailleur, ou brétailleur, signifie un homme qui n'a jamais reçu de bons principes, et qui n'a que la fanfaronnade en partage.

CHAPITRE XXIV.

DU DOUBLE POUR DÉGUISER LE CONTRE-DE-QUARTE.

Comme on a déjà dit que le contre-de-quarte était une des *principales* parades dans les armes, il s'ensuit nécessairement que celui qui est enseigné par un bon maître, et qui tâche de le lui faire acquérir, a un très-grand avantage sur celui qui n'a pas eu les mêmes principes.

En sentant le tact de l'épée de l'adversaire de quarte, c'est un signe infaillible qu'il veut *se servir du contre-de-quarte.*

Il s'agit alors de masquer son jeu et de faire un tour et demi dessus les armes, en filant la pointe, et soutenant imperceptiblement en avant, et par gradation, au corps de l'adversaire, les ongles en haut, le coude un peu en dehors, la tête bien droite et en dedans.

La main à la hauteur de l'œil droit ; si on ne peut venir à son but, parce que l'adversaire aura paré le tour et demi par un contre-de-quarte et le simple-de-tierce, il faut se remettre en parade à la retraite ; tromper son contre-de-

quarté et le simple, par un tour d'*une, deux*
dans les armes, en filant la pointe sous son bras,
pour tirer *une, deux*

Si on ne peut parvenir à toucher l'adversaire,
c'est qu'il aura paré le contre-de-quarte, puis,
le demi-cercle, ce qu'il s'agit de parer à la retraite.

Il faut surtout exécuter les mêmes parades
que l'on a vu faire au maître, lorsqu'on se trouve
avec d'autres dans les mêmes circonstances.

CHAPITRE XXV.

DU DOUBLE, POUR TROMPER LE CONTRE-DE-TIERCE.

Lorsque l'on sent le tact de l'épée du maître
dessus les armes, c'est un signe qu'il veut se
servir de son contre-de-tierce. Alors il faut tromper, faire un tour et demi dans les armes, en
filant la pointe, en la soutenant imperceptiblement et par gradation à son corps, serrer près
de son bras, ayant les ongles en haut, le coude
en dedans, l'épaule baissée, la main à la hauteur de l'œil gauche; et si, dans cette position,
on ne peut parvenir à son but, c'est qu'il aura

paré le contre-de-tierce, puis le simple-de-quarte, qu'il faut parer à la retraite. Il faut aussi tromper le contre-de-tierce de l'adversaire, et le simple-de-quarte, en tirant un tour l'*une*, *deux* dessus les armes, et se remettant en défense.

CHAPITRE XXVI.

DU COULÉ.

On appelle couler, lorsqu'on se trouve en mesure sur son adversaire ; alors il faut glisser sur le faible de son épée, par un frottement vif et sensible, *dans le temps qu'il oppose pour parer*, puis dégager subtilement et tirer sur lui.

Ce coulé est une des attaques les plus assurées, en ce qu'il détermine souvent l'ennemi d'aller à la parade, tant par le simple que par le double ; mais il ne doit s'exécuter qu'avec beaucoup de précision.

Coulé est encore de tenir toujours l'épée directement devant soi ; serrer et couler en soutenant le corps et la pointe, pour filer de suite l'avant-bras.

Il y a deux parades pour parer un coup droit dans les armes ; et c'est d'elles que dérive le coulé, qui doit se faire aussitôt que l'adversaire s'oblige au coup droit.

Ces deux parades sont, le simple-de-quarte, en obligeant la côte supérieure, les ongles en haut, le coude en dedans, l'épaule lâchée et la pointe bien soutenue.

La seconde de ces parades et la plus certaine, est le demi-contre-de-tierce, et il faut éviter soigneusement de *se servir du simple*, lorsque l'adversaire tire un coup droit.

Il s'agit maintenant d'enseigner à tromper le simple. On peut avoir affaire contre un homme qui s'en sert, mais il n'est jamais utile de s'en servir.

Il faut couler pour obliger l'adversaire à parer du talon-de-quarte dans les armes, que l'on doit tromper, par un coulé dégagé dessus les armes, en soutenant la pointe de l'épée avec précision, ayant les ongles en haut, le coude un peu en dehors, l'épaule lâchée, la main à la hauteur de l'œil droit, et surtout une grande légèreté et une extrême délicatesse de main.

Si l'adversaire pare deux simples dans les

armes , sur un coulé d'*une* , *deux* , il faut se remettre en défense

Il faut l'obliger à parer tierce par un coulé dessus les armes , la pointe soutenue jusqu'à son coude , et en lui faisant perdre l'épée qu'il tient par la tierce ; puis il faut tirer un coup de seconde , qui se pare par l'octave , et se remettre en parade à la retraite.

On trompe encore la tierce et l'octave par un coulé et la feinte seconde , et en se remettant vivement en défense.

Il y a trois parades pour parer un coup droit dessus les armes ; savoir : le simple-de-tierce, en obligeant le talon-de-tierce ; la prime, lorsqu'on a affaire à un homme qui *force le faible de l'épée* ; le demi-contre-de-quarte , qui est la plus sûre de ces trois parades.

Il faut tromper le simple-de-tierce en coulant sur l'adversaire , pour l'obliger à parer de son talon-de-tierce , et sitôt que l'on sent le tact de son épée dégagé , et s'il pare par le talon-de-quarte , il faut se remettre en parade de quarte à la retraite.

On trompe encore ses deux simples coulés par l'*une* , *deux* dessus les armes , et l'on se remet vivement en garde et en défense.

On a la même feinte que le coulé dans les armes, par la seconde et la feinte seconde. Tout ceci demande, comme on voit, non seulement de la mémoire pour retenir les noms de ces différentes motions, mais encore une connaissance exacte de leur mécanisme.

CHAPITRE XXVII.

DU COULÉ POUR TROMPER LE DEMI-CONTRE.

Si le maître engageant son épée dans les armes, tire un coup droit, il faut parer le demi-contre-de-tierce et riposter du tact-au-tact.

S'il trompe le demi-contre-de-tierce par un coulé, et dégagé dans les armes, il faut parer le demi-contre-de-tierce et le simple-de-quarte, et riposter du tact-au-tact.

Quand on parle ici du maître, on entend toute autre personne instruite avec laquelle on pourrait faire des armes.

Supposant que l'adversaire trompe le demi-contre-de-tierce et le simple-de-quarte par un coulé d'*une*, *deux* dessus les armes ; dans ce cas, il faut parer le demi-contre-de-tierce et le contre-de quarte, et riposter du tact-au-tact.

Si l'adversaire engage son épée dessus les armes, il tire un coup droit dessus les armes, en saisissant le faible avec son fort, lâché de la parade de prime appelée autrefois *céder à la force*, il faut riposter du tact-de-prime.

S'il trompe la parade de prime, par un coulé et une seconde, il faut parer la prime et sous-prime et *riposter du tact-au-tact dessus prime*.

S'il tire un coup droit avec légèreté et délicatesse, il faut parer le demi-contre-de-quarte ; s'il se relève, le poignet bas, la pointe haute, il faut jeter et tirer un coupé sur pointe, et se remettre en garde et en défense.

S'il trompe (toujours l'adversaire) le demi-contre-de-quarte par un coulé dégagé dessus les armes, on pare le demi-contre-de-quarte et le simple-de-tierce ; on riposte du tact-au-tact de tierce-sur-tierce, et on se remet en garde et en défense.

S'il trompe le demi-contre-de-quarte et le simple-de-tierce par un coulé d'*une, deux* dans les armes, il faut avoir soin de parer par un demi-contre-de-quarte et un contre-de-tierce, riposter du tact-au-tact de seconde, et se remettre toujours prestement et vivement en garde et en défense.

CHAPITRE XXVIII.

MANIÈRE DE TIRER LA FLANCONNADE.

On enseigne aux adeptes à tirer la flanconnade, pour ne leur rien laisser ignorer de ce qui
concerne les armes ; mais en la leur enseignant,
on doit leur recommander sérieusement de ne
pas s'en servir, qu'à la retraite, et que lorsque l'on a affaire à un homme qui se relève avec
une garde tendue.

La flanconnade n'est autre chose qu'un liement
d'épée, en saisissant par le fort le faible de l'épée
de l'adversaire, sans quitter la lame, baissant
seulement un peu le poignet pour que la pointe
arrive précisément sous l'aisselle, en maintenant
la pointe bien serrée en dedans du bras.

Mais la suite de la flanconnade, c'est-à-dire,
sa feinte, est très-utile. Elle s'exécute en liant la
lame de l'épée jusqu'au coude, la main à moitié
tierce-et-quarte, mais en achevant le coup, il
faut tourner le coude en dedans, avoir les ongles en haut, la main à la hauteur de l'œil gauche.

Pour parer la flanconnade, il ne faut pas quitter l'épée de l'adversaire, faire obéir la pointe de la sienne par un fléchissement de poignet, et ramenant son épée du talon de quarte, riposter quarte-sur-quarte, et se remettre en garde et en défense.

Si on tire la même flanconnade, on peut parer par un chemin plus court et plus facile. On peut tourner la main-de-tierce, ayant le poignet très-bas, pour filer la pointe sous l'aisselle de l'adversaire, en même temps qu'il s'alonge, mais il faut que la riposte ne fasse qu'un temps.

Si l'adversaire marque la feinte de flanconnade, il faut parer le contre-de-tierce, riposter du tact-au-tact quarte dessus les armes, et se remettre en garde et en défense.

CHAPITRE XXIX.

DU LIEMENT DE L'ÉPÉE DANS LES ARMES PAR UN COUP DROIT.

Le liement dont il s'agit ici, est un engagement qui consiste à lier l'épée de son adversaire, en saisissant le faible de sa pointe avec le fort de l'épée qu'on lui oppose, et par la côte supérieure et une grande légèreté de main, sans quitter la lame, ayant toujours la pointe soutenue, la main à la hauteur de la garde, le coude en dedans, l'épaule lâchée, il faut filer le long de la lame de l'adversaire, le bras souple et plié, pour tirer un coup droit.

Il faut faire d'autant plus d'attention à ce que l'on va dire, qu'il s'agit d'enseigner à combattre une garde tendue, la pointe de l'épée devant l'estomac; observant néanmoins qu'on ne peut se servir du liement d'épée que sur un homme qui a une garde tendue, et non sur celui qui a une garde régulière.

Si le maître, ou l'adversaire, engage son épée dans les armes, en tendant le bras, et que l'on voie qu'il est ferme avec cette garde tendue, garde très-dangereuse pour celui qui s'en sert, il faut lui faire un liement d'épée par un coup droit, en saisissant son faible avec le fort, on touchera infailliblement.

Si, quand on fait ce liement, l'adversaire en fait échapper l'épée, il faut parer aussitôt tierce et riposter du tact-au-tact de seconde, et se remettre en garde et en défense.

Si l'adversaire engage son épée dessus les armes ayant la même garde, il fait son liement d'épée par un coup droit dessus les armes, le poignet restant en quarte et dans la garde régulière, la pointe soutenue; mais si l'on perd son épée dans le liement, il faut aussitôt parer du talon de quarte, riposter du tact-au-tact, et se remettre en garde et en défense.

Si l'adversaire engage son épée dessus les armes, il faut lui faire un liement d'épée par le demi cercle, en saisissant bien son faible par le fort, la côte supérieure, les ongles en haut, le coude en dedans, l'épaule lâchée, la main à la hauteur du menton, la pointe bien soutenue.

Si l'adversaire fait perdre son épée du demi-cercle dans le liement d'épée, il faut parer du talon de quarte, riposter du tact-au-tact, et se remettre en garde et en défense.

S'il engage son épée dans les armes, il faut faire un liement d'épée par l'octave, en saisissant son faible avec le fort, le poignet un peu en dehors, le coude de même, la pointe soutenue, et tirer l'octave; s'il fait perdre son épée dans le liement d'octave, il faut parer tierce, riposter tierce — sur — tierce , et se remettre en garde et en défense.

Comme ces quatre coups d'épée ne se tirent que sur un homme qui a la garde tendue , il serait d'autant plus inutile de montrer ici à parer ces quatre liemens d'épée , que ceux auxquels nous destinons cet ouvrage en ont une régulière.

CHAPITRE XXX.

DU BATTEMENT D'ÉPÉE.

On appelle battre l'épée , frapper du fort de la côte supérieure le faible de celle de l'adversaire , tant pour détourner la pointe que pour pouvoir le toucher.

Dès que l'on voit que l'ennemi a le bras tendu , ou qu'il ne s'ébranle pas sur un appel du pied droit , il faut battre le faible de son épée par un coup ferme et sec , en prenant garde toutefois d'en être prévenu au moment de l'exécution du battement; car l'ennemi qui a de l'adresse , de l'attention et de la vîtesse , peut surprendre par un dégagement , mais on ne doit pas s'en servir , sans prévenir la surprise , chose très-nécessaire à prévoir avant de former aucun projet sur tous les coups d'épée d'attaques.

Si on a fait, par exemple, un appel du pied, pour tâcher d'ébranler l'adversaire, et qu'on voie qu'il résiste, il faut faire un battement d'épée étant engagé dessus les armes, en passant l'épée dans les armes, et tirer droit.

Si l'on sent qu'il serre l'épée par son talon-de-quarte, on peut faire un battement d'épée et couper sur pointe ; mais s'il fait un mouvement, il faut se remettre en garde et en défense.

Étant également engagé dans les armes, il faut faire un battement d'épée et tirer droit. Si on ne trouve pas son épée dans le battement, il faut parer quarte, riposter du tact-au-tact, et se remettre en garde et en défense.

CHAPITRE XXXI.

DU FROISSEMENT SUR LE PASSEMENT D'ÉPÉE.

Lorsque le maître ou l'adversaire passe l'épée dans les armes, le bras tendu, on doit profiter de ce moment pour froisser, en tournant la main de demi-tierce et de demi-quarte, pour chasser son épée avec fermeté, par un coup sec, et pour la déranger de la ligne. Aussitôt que l'on a froïssé, il faut s'assurer de l'épée de l'adversaire, sans quitter sa lame, tirer vivement au corps, et se remettre en défense et en garde, prenant garde surtout qu'il ne dégage dessus les armes.

On répète ici, et l'on doit s'en souvenir, qu'en passant l'épée dans les armes, il faut prendre garde que l'adversaire ne fasse perdre son épée pour tromper le froissement que l'on doit parer par la parade de tierce, et riposter de même, et se remettre en garde et en défense.

CHAPITRE XXXII.

DU COUP DE LA FEINTE DE FLANCONNADE SUR LES PASSEMENS D'ÉPÉE DANS LES ARMES.

Si on engage l'épée dans les armes, il faut faire, sur l'objet énoncé au titre de ce chapitre, une feinte de flanconnade, tirer droit, et se remettre en garde et en défense.

Ces deux coups d'épée s'exécutent avec plus d'aisance, lorsque l'ennemi serre la mesure, en changeant son épée et la garde tendue.

7*

CHAPITRE XXXIII.

MANIÈRE DE TIRER A TOUTE FEINTE EN RIPOSTE.

Tirer à toute feinte en riposte, c'est avoir affaire à un écolier qui souffre l'attaque et qui riposte tous les coups d'épée indistinctement que son adversaire veut lui tirer, soit de *racroc*, ou en parant juste. On ne doit jamais rester, quand on a à parer ; mais on le doit faire sans s'alonger, et prolongeant le corps, pour y filer la pointe en le jetant de la main, et tendant le jarret gauche, le bras gauche tombe dans sa seconde position, et l'on fait un appel du pied droit au moment de la riposte du tact-au-tact, comme on va l'expliquer.

Si l'on convient de souffrir l'attaque de son adversaire, sitôt qu'on aura paré contre lui, il faut riposter du tact-au-tact, en prolongeant le corps; par là, on acquiert beaucoup de fermeté dans les parades.

Si l'adversaire tire un coup droit dans les armes, il faut parer le demi-contre-de-tierce, et riposter de même.

S'il marque l'*une* , *deux* dessus les armes, il faut parer le contre-de-quarte et riposter, et ainsi de tous les coups qu'il peut tirer.

C'est là le seul moyen de s'affermir dans ses parades et dans ses ripostes. Il faut surtout rester sur le même espace de terrain où l'on a souffert l'attaque ; avoir le point de vue fixe et beaucoup de fermeté ; ne se point déranger un seul instant de ses attitudes , et soutenir principalement la pointe de l'épée sur l'estomac de l'adversaire.

Lorsque le maître souffre l'attaque et la laisse à la disposition de l'écolier , celui-ci doit fixer le point de vue , bien regarder comment le maître tourne son poignet pour parer , afin de le tromper aussitôt. Il faut se hasarder d'être pris au piège et décider ses coups, compter beaucoup sur la vivacité, ferrailler le moins qu'il est possible , et se relever avec aisance , dans ses aplombs de retraite.

CHAPITRE XXXIV.

DES TEMPS MARQUÉS.

Engager son adversaire à tirer, sur l'occasion qu'on lui donne par un appel du pied droit, en quittant sa lame d'environ quatre doigts du côté où l'on est engagé, c'est ce qui s'appelle marquer un temps, et qui se marque de pied ferme, en marchant, si l'on sent que l'adversaire tire sur tous les mouvemens qu'on lui fait.

Tout ceci ne peut se démontrer que par des exemples qui mettent l'adepte dans le cas de profiter de ce qu'on lui enseigne, et c'est ce que nous allons faire, en suivant les principes que d'autres avant nous ont déjà enseignés, mais où les connaisseurs reconnaîtront néanmoins des différences notables.

Engagé l'épée dans les armes, il faut marquer un temps de quarte; et si l'adversaire tire droit sur votre temps, il faut parer quarte, du tact-au-tact et riposter, puis se remettre en garde et en défense.

Il en doit être ainsi de tous les coups d'épée

appartenans au simple, où l'on peut marquer un temps.

Si l'adversaire engage son épée dans les armes, il marque un temps ; pour lors, il faut tirer dans le temps, en s'assurant de soi-même et ne pas quitter surtout ses aplombs.

Si l'adversaire pare le temps de quarte, il faut parer une riposte de quarte à la retraite, et profiter de la riposte.

S'il engage son épée *dessus les* armes, il marque un temps ; il faut alors s'affermir dans son allonge et s'assurer de toucher par sa précision et sa vivacité.

S'il pare *le* temps de tierce, il faut parer sa riposte de tierce à *la* retraite.

CHAPITRE XXXV.

DE LA REPRISE DE MAIN.

On appelle reprise de main, l'instant où l'adversaire part, et que l'épée se trouve fort contre fort. Alors il faut dérober la pointe par un petit mouvement du poignet et la plunger au corps.

En se remettant en garde ; il faut le faire en un seul temps, quoiqu'il y ait différens mouvemens qui doivent être réunis en un seul.

Ce coup, qui ne devient possible que par la vîtesse, est une espèce de coup de temps, comme il se verra clairement par ce que nous allons dire.

Si l'on tire un dégagement dessus les armes à fond, et si l'adversaire pare tierce, sans profiter de la riposte, il faut faire la reprise de main étant alongé ; observant néanmoins que l'avant-bras doit se rendre flexible pour dérober l'épée, afin de rendre la reprise de seconde.

Aussitôt le coup lâché, il faut se remettre en garde et en défense, en obligeant la côte supérieure, pour tirer un grand coup droit dans les armes, lorsque l'on est en aplomb de retraite.

Il faut tirer alors un dégagement dans les armes, si l'adversaire pare faiblement, sans riposter ; faire la reprise de main en dérobant le coup de quarte, avec opposition du fort *plus* que la quarte ordinaire ; puis, se remettant en garde et en défense, tirer un coup droit.

Il faut marquer l'*une*, *deux* dessus les armes, si l'adversaire pare le contre-de-quarte, au dernier mouvement, sans riposter, pour donner la retraite, en jetant un coupé sur pointe. Alors il faut s'assurer de sa lame, en faisant une petite retraite de la tête de 3 à 4 pouces en arrière. Lorsque l'adversaire lève son avant-bras pour jeter un coupé sur pointe, il faut faire la reprise de main en quarte, et se remettre en garde, en obligeant le fer. Si on a l'épée de son adversaire devant soi, il faut tirer légèrement un coup droit.

Ainsi, lorsqu'on a affaire à un homme qui n'a aucune riposte solide, il faut mettre la reprise de main en exécution.

CHAPITRE XXXVI.

DU TEMPS CERTAIN.

Le temps certain se tire de pied ferme, ou prend le temps sur tous les coups d'épée quelconque qu'il y a dans l'attaque, lorsque l'on quitte la ligne du corps.

Ce mot temps signifie prendre le défaut du mouvement d'un adversaire de pied ferme, ou de profiter des courts instans où l'on voit quitter

son épée , pour tirer sur l'endroit qui se découvre. La signification de ce mot est consacrée par
l'usage ; et conséquemment il faut que tous
ceux qui traitent des armes s'en servent dans
le même sens , parce que ce qui est de principe
est inaltérable.

Nous trouvons qu'il est très-dangereux de
mettre le temps en exécution , par la raison
qu'il produit souvent des coups fourrés et qui
sont sujets à de grandes contestations ; mais il
y a des momens où l'on peut s'en servir : savoir , lorsque l'on a affaire à un homme qui
n'a ni aplomb , ni fermeté , ni ligne.

Pour exécuter le temps, il faut s'assurer de
sa garde , l'avant-bras doit être flexible et libre , le coup-d'œil fixe et assuré. Il faut encore
faire attention à tous les mouvemens que le
maître ou l'adversaire fait , et se préparer à les
saisir vivement toutes les fois qu'il perdra la
ligne du corps , qu'il fera de faux mouvemens,
et qu'il marquera ses attaques du bras et de
l'épaule.

Si l'adversaire tire l'*une, deux* dans les armes , la pointe hors de la ligne du téton, il
faut tirer le coup de temps avec précision ; ef-

facer l'épaule gauche, pour ne pas être touché, ce qui produit un coup fourré, et ferait un temps très-désavantageux.

Si l'adversaire tire l'*une*, *deux* dessus les armes, il faut bien saisir la dernière feinte, pour tirer un coup de temps avec assurance, et c'est le coup le moins périlleux qu'il y ait dans les armes, puis il faut se remettre en garde et en défense.

Si l'adversaise tire l'*une*, *deux*, *trois* dans les armes, en faisant travailler son bras et son épaule droite, la pointe hors de la ligne du corps, il faut prendre aussitôt son temps au dernier mouvement pour s'assurer mieux du défaut de sa ligne. Il faut surtout se garantir d'être touché à l'épaule gauche, car le coup de temps ne serait pas jugé bon; on se remet ensuite en garde et en défense.

On peut lâcher l'épaule gauche un peu en arrière pour se garantir du coup fourré.

Si l'adversaire tire l'*une*, *deux*, *trois* dessus les armes, tire le temps sur sa dernière feinte, il faut se remettre en garde et en défense.

S'il fait un tour et demi, ou contre, dégagé dessus les armes, pour tromper le contre-de-quarte ; il faut bien saisir son deuxième mouvement, pour tirer aussitôt le coup-de-temps, et se remettre en garde et en défense.

S'il fait un tour l'*une, deux* dans les armes, il faut prendre le temps au dernier mouvement de l'*une, deux*, et se remettre en garde et en défense.

Si, de même, il tire un tour l'*une, deux* dessus les armes, il faut prendre aussitôt le coup de temps au dernier mouvement, puis se remettre en garde et en défense.

De sorte que toutes les fois que l'on a affaire à un homme qui n'a pas la ligne du corps, ni de fermeté sur les jambes, on peut prendre le temps sur toutes ses attaques, pourvu qu'on se garantisse d'être touché. Il ne faut, dans ces occasions, jamais saisir le temps que dessus les armes, parce qu'on ne risque pas d'être touché à l'épaule gauche.

CHAPITRE XXXVII.

DU TEMPS SUR LES ENGAGEMENS D'ÉPÉE.

Si l'adversaire engage l'épée dessus les armes par un appel du pied ; la pointe hors de la ligne, il faut tirer le temps par un coup droit sur son passement de l'épée et se remettre en garde et en défense.

S'il engage son épée dessus les armes, en forçant votre épée par le fort de la sienne, il faut dégager dans les armes sur son passement d'épée, par le temps, puis se remettre en garde et en défense.

S'il engage son épée dans les armes, en forçant votre épée par le fort de la sienne, il faut dégager, tirer sur le temps, et se remettre en garde et en défense.

S'il engage son épée dessus les armes, en forçant votre épée par le fort de la sienne, et pare tierce sur votre temps, il faut marquer et tromper la parade de tierce par l'*une*, *deux*, sous son passement d'épée, et se remettre en garde et en défense.

S'il engage son épée dans les armes en forçant votre épée par le fort de la sienne, il pare quarte sur votre temps ; alors il faut marquer et tromper la parade de quarte par le temps l'*une*, *deux* sur son passement d'épée, et se remettre en garde et en défense.

Enfin l'adversaire engageant son épée dessus

les armes, il faut prendre le temps par là feinte seconde sur son passement d'épée, et se remettre en garde et en défense.

CHAPITRE XXXVIII.

DE LA MESURE.

Se trouver à portée de pouvoir toucher l'ennemi dans l'alongement du pied ferme, c'est être en mesure avec lui.

On entre en mesure, lorsqu'on avance sur lui à petit pas et qu'on l'approche assez pour lui porter la botte, ou la recevoir de lui ; ce petit pas ne doit être que de la longueur du pied.

Quand on a assez reculé pour ne pouvoir être atteint d'un coup à fond, c'est être hors de mesure.

On rompt ordinairement la mesure pour deux raisons ; la première, lorsqu'on n'est pas sûr de sa parade, et la deuxième pour attirer l'adversaire lorsqu'on est sûr de parer.

La juste mesure pour tirer du pied ferme, est en supposant l'épée ou les fleurets d'égale longueur, lorsque le faible se trouve engagé à quatre pouces de la coquille du fort de la lame de l'adversaire.

C'est là la règle pour connaître si l'on est hors de mesure, et lorsque, sans avancer l'avant-bras, la pointe de l'épée ne peut approcher de la garde de l'adversaire.

En telle circonstance que ce soit, il ne faut jamais entrer en mesure, sans être prêt à parer.

Lorsqu'on est en mesure, il faut faire grande attention aux mouvemens de l'adversaire, principalement à ceux du poignet, pour être prêt à la parade.

Telle est la connaissance que l'on doit avoir de la mesure, et qui fait un des principaux fondemens des armes, et qui ne peuvent être que le fruit d'une grande pratique et d'une longue expérience ; car, savoir entrer en mesure, ou en sortir à propos, c'est avoir de très-grands avantages sur son ennemi. Dans le premier cas, on se rend souvent maître de son épée, et, dans le second, on rend toutes ses attaques infructueuses et inutiles pour lui.

CHAPITRE XXXIX.

DU COUP D'ARRÊT.

Le coup d'arrêt est ainsi appelé parce qu'il s'agit d'arrêter en effet, lorsqu'étant hors de portée d'atteindre le corps de l'adversaire, on doit courir sur lui.

Ce coup pris par le simple en apparence, est, sans contredit, le fait d'armes le plus difficile et le plus beau. Lorsqu'on le prend au pied levé de l'adversaire, sans être touché avec précision, c'est avoir acquis toute l'adresse et toute la science de l'art.

Les personnes qui ont reçu de bons principes, et que l'on a stylées à combattre toute sorte de mauvais jeux, peuvent tirer de grands avantages du coup d'arrêt, surtout si elles ont affaire à des adversaires qui ont été mal instruits et qui négligent surtout leurs aplombs ; car, pour attaquer leur ennemi, il faut qu'ils soient hors de mesure, pour éviter d'être écrasés des coups de bouton qu'ils ne peuvent éviter étant en mesure.

Le coup d'arrêt se tire indistinctement sur tous les coups d'épée que nous avons dans l'art des armes.

Si l'adversaire est engagé de huit pouces de votre coquille, pour vous atteindre, il doit s'alonger avec précipitation, en perdant les aplombs, la fermeté, le parfait équilibre et la souplesse.

Si l'adversaire marque l'*une*, *deux* dans les armes, sans ligne directe, il faut tirer le coup d'arrêt au pied levé, en obligeant les ongles en haut, le fort de l'épée opposé, le coude en dedans, l'épaule bien *lâchée*, le corps bien effacé, ferme dessus les hanches, et tirer droit au téton.

Si l'adversaire marque l'*une*, *deux*, *trois* dessus les armes, il faut tirer le coup d'arrêt au pied levé, et se remettre vivement en garde.

Si l'adversaire fait un battement d'épée dans les armes, étant engagé dessus les armes, il faut repasser ausitôt la pointe de l'épée dessus les armes pour la lui faire perdre dans son battement; puis tirer le coup d'arrêt dessus es armes par un coup droit.

Si l'adversaire fait un battement d'épée en

courant dans les armes, il faut attendre que son battement soit fait et forcer un tant soit peu son épée. S'il fait un coupé dessus pointe, il faut tirer le coup d'arrêt sur son coupé.

S'il court sur vous, en marquant plusieurs feintes, la pointe basse, il faut tirer le coup d'arrêt.

Comme on a déjà dit qu'on pouvait tirer le coup d'arrêt, sur tous les coups d'épée d'attaque, en marchant, sans en excepter aucun, il est essentiel de prendre garde d'être touché dans le temps que l'adversaire tire, car on serait jugé ne pas tirer avec dessein.

CHAPITRE XL.

DU DEMI-COUP.

Feindre de tirer un coup à fond sur la partie du corps que l'adversaire laisse à découvert, c'est ce que l'on appelle marquer le demi-coup, ou tenter l'épée.

On se sert encore avantageusement du demi-coup contre ceux qui sont lents à parer.

Supposant qu'un adversaire vous donne un

grand jour , une belle occasion , une favorable circonstance en quarte , il faut marquer un demi-coup , par un dégagement dans les armes , en ne tirant qu'à six pouces du corps , au lieu de tirer à fond ; s'il va à la parade , il faut dégager vivement de la pointe sans souffrir qu'il touche votre lame , puis se remettre en garde et en défense.

Si l'adversaire donne un grand jour dessus les armes, il faut marquer un demi-coup par un dégagement dessus les armes , s'il va à la parade de tierce , il faut repasser aussitôt l'épée dans les armes , et se remettre en garde et en défense.

S'il donne un grand jour dessus les armes ; il faut faire un dégagement dessus les armes , par un demi-coup ; et s'il pare fort lentement, il faut tirer un coup de seconde , et se remettre en garde et en défense.

CHAPITRE XLI.

DE LA PETITE MARCHE TRIPLÉE.

Cette marche est une des plus violentes attaques qu'il y ait dans les armes, et demande , par conséquent , toute l'attention, toute l'agilité et la dextérité possibles.

Pour l'exécuter , il faut que le corps ait tous ses aplombs, et être maître de son avant-bras et de sa pointe.

Cette marche ne peut être exécutée que lors-qu'on a affaire à un homme qui présente bien le faible de son épée : à garde tendu , il faut être engagé de douze à quatorze pouces de sa coquille.

On fait cette marche en serrant avec précision et fermeté dessus les jambes et les hanches, par quatre ou cinq petits pas d'un pouce et demi, en faisant chaque appel du pied droit , sans le lever d'un pouce de terre, en conservant tou-jours la distance de la garde ; mais il faut sur-tout avoir beaucoup de vivacité et de rapidité dans les quatre ou cinq pas que nous venons de dire. Et si l'on veut être sûr de ses aplombs, il ne faut jamais déployer les deux jarrets , ni remuer le corps , la hanche, ni la tête , il ne faut uni-quement faire travailler que la pointe et l'avant-bras et surtout être sûr du point de vue.

On suppose , par exemple , que l'adversaire se tient en garde , contre toutes les règles , le bras tendu , il faut alors engager votre épée dans les armes de la distance de votre pointe à sa co-quille de quatorze pouces; faire un liement d'épée, par un coup droit dans les armes , en saisissant le faible de son épée par le fort de la vôtre , en opposant la côte supérieure ; les ongles en haut , le coude bien dedans , lorsque vous avez le faible de son épée , il faut marcher avec précipitation , la pointe bien soutenue devant son téton , puis l'ayant ébranlé par vos quatre ou cinq pas avant , en frappant un appel , étant arrivé en distance de l'alongement , il faut achever le grand coup d'épée droit , et se remettre en garde.

On peut être pris dans les armes par un grand coup d'arrêt , en vous faisant perdre l'épée dans votre liement d'épée , en triplant.

Alors *il* faut faire la même chose ; il faut tripler la marche , et si l'on ne trouve pas l'épée de l'adversaire dans la marche triplée , il faut parer tierce vivement et risposter tierce-sur-tierce , et se remettre en garde.

Engagé l'épée dans les armes , il faut faire le liement d'épée , en faisant votre marche triplée dessus les armes et tirer un coup droit. Si on ne trouve pas l'épée de l'adversaire dans le liement , il faut parer quarte et riposter du tact-au-tact.

Engagé l'épée dessus les armes , il faut faire

un liement d'épée, par le demi-cercle, et par la marche triplée, et sitôt qu'on est arrivé à la portée de l'alonge, il faut tirer le coup d'épée. Si on ne trouve pas l'épée du demi-cercle, il faut parer quarte et riposter du tact-au-tact.

Engagé l'épée dans les armes, on doit faire le liement d'épée en octave par la marche triplée. Il faut bien obliger votre talon, et si vous ne trouvez pas l'épée de l'adversaire, il faut parer tierce et riposter seconde par le tact-au-tact.

Engagé l'épée dans les armes, il faut faire la marche triplée, en faisant un coulé dessus les armes, pour obliger l'adversaire à parer tierce. Du moment qu'il veut parer tierce, il faut tirer un coup de seconde, avec beaucoup de célérité, et se remettre en garde.

On doit répéter la même chose en triplant par un coup dessus les armes; sitôt que l'adversaire s'oblige à l'octave sur le coup de seconde, il faut marquer feinte de seconde, quarte dessus les armes, et se remettre en garde.

Engagé l'épée dessus les armes, sitôt que l'adversaire passe l'épée, il faut tripler la marche sur son passement, froisser son épée en tiplant, et tirer un grand coup droit. Si on ne trouve pas son épée, il faut parer tierce, et riposter du tact-au-tact.

Engagé l'épée de dessus les armes, sitôt que l'adversaire passe l'épée dans les armes, il faut tripler la marche sur son passement, marquer feinte de flanconnade, tirer droit, et se remettre en garde.

CHAPITRE XLII.

DE LA MANIÈRE DE GAGNER LE SOUTIEN DU CORPS, PAR L'ATTAQUE ET LA RETRAITE SUR LES ENGAGE-MENS DANS LES ARMES ET DESSUS LES ARMES.

Il faut se mettre parfaitement en garde, ayant l'avant-bras bien souple et bien flexible; prendre fixement le point de vue, pour saisir aussitôt que l'adversaire cherche à joindre votre épée, soit dans les armes ou dessus les armes, et pour la lui faire perdre, en repassant aussitôt votre épée du côté opposé à celui où il engage son épée, puis saisir le moment qu'il joint votre épée, en filant la pointe avec précision.

Si l'adversaire engage son épée dessus les ar-

mes, il faut aussitôt engager dans les armes au
moment qu'il se dispose à joindre votre épée,
et rester un peu au corps pour examiner si on
a exécuté ses projets avec justesse, puis se remettre aussitôt en garde, en parant quarte, et
riposter quarte.

Lorsqu'il engage son épée dans les armes
et veut joindre votre épée, il faut dégager aussitôt dessus les armes, observer et prendre garde
qu'il ne puisse trouver votre épée dessus son
engagement. Le coup étant bien ajusté, il faut
examiner ses positions, se remettre en garde,
parer tierce et riposter tierce-sur-tierce.

Si l'adversaire engage son épée dessus les armes sur son passément d'épée dessus les armes,
il faut marquer aussitôt *une*, *deux* dessus les
armes, se remettre en garde, parer tierce, et
riposter.

Si l'adversaire engage son épée dans les armes, sur son engagement, il faut marquer
l'*une*, *deux* dans les armes, ensuite, en se
remettant en garde, il faut parer quarte et riposter.

Également, si l'adversaire engage son épée
dans les armes, il faut marquer l'*une*, *deux*,

trois, connu sous le nom de la double feinte dessus les armes, pour tromper la tierce et la quarte, en se remettant en garde, parer tierce et riposter.

Également, si l'adversaire engage son épée dessus les armes, il faut marquer l'*une*, *deux*, *trois*, connu sous le nom de la double feinte dans les armes, pour tromper la quarte et la tierce, en se remettant en garde, parer quarte et riposter.

S'il engage son épée dessus les armes sur son dégagement, on fait un tour et demi d'épée pour tromper son contre-de-tierce ; il faut se remettre en garde, parer quarte et riposter quarte.

S'il engage son épée dans les armes, en doublant le dégagement pour tromper son contre-de-quarte, il faut parer tierce et riposter tierce-sur-tierce.

Voilà ce qui perfectionne un adepte et le fait parvenir à un degré de perfection requise. Lorsqu'il a exécuté cette leçon ponctuellement, et suivant les principes enseignés, il peut se flatter de savoir quelque chose ; mais il faut au moins quinze jours pour apprendre à s'en acquitter avec célérité et précision.

CHAPITRE XLIII.

FACULTÉS DES ARMES.

Ces facultés consistent dans *le toucher de l'épée, le coup d'œil, le jugement, la vitesse et la précision,* cinq facultés absolument nécessaires pour se perfectionner dans les armes, et pour en tirer les avantages nécessaires à sa propre sécurité.

Ces facultés dépendent les unes de la nature, les autres de l'exercice et de l'art ; mais liées, comme elles doivent essentiellement l'être, elles conduisent nécessairement à la perfection.

Le toucher de l'épée sert à connaître, par la jonction des lames, la position où l'on se trouve avec son ennemi ; et, comme on ne peut juger de l'intention que par le jeu et le tact, on sent de quelle utilité est cette première faculté.

La seconde, qui est le coup d'œil, est d'autant plus nécessaire, qu'on ne peut sans elle, distinguer aussi prestement qu'il est nécessaire les projets de l'ennemi et ses desseins dans son jeu.

Le jugement, troisième faculté essentielle, l'est d'autant plus, que c'est d'après elle que se déterminent les opérations offensives et les défenses que l'on doit leur opposer.

La vîtesse, qui est la quatrième des facultés absolument nécessaires, sert à exécuter avec promptitude et célérité ce que le jugement nous dicte dans un cas urgent, et où il ne s'agit de rien moins que de notre conservation, en ménageant, s'il est possible, celle de l'individu contre lequel nous avons affaire.

La précision, qui est la cinquième, nous apprend à ménager toutes les parties de l'exécution qui rassemblent toutes ces parties en une seule, et ce qui prouve que ce n'est pas sans raison que, dès nos premières leçons, nous avons recommandé l'ensemble, comme une des parties les plus essentielles dans les armes.

Pour reprendre les choses avec ordre, et ne rien laisser désirer à nos lecteurs, nous dirons qu'il est dans les armes un jeu sensible, et un insensible. Que le jeu sensible se fait tant de pied ferme qu'en marchant, lorsque les lames se joignent. Le jeu insensible, au contraire, ne se marque jamais, quand on a affaire à un hom-

me qui a quelque connaissance, que hors la
mesure, pour ne pas être surpris. Le toucher de
l'épée est si essentiel, que nous ne pouvons
juger nous-mêmes que par lui de la position
où nous sommes. Sans le secours des yeux, et
par le seul tact, nous distinguons si, par la jonction des lames, nous sommes engagés plutôt
au dedans qu'au dessus, ou plutôt, au dessus
qu'au dedans des armes; ce qu'il est absolument
essentiel de connaître pour mettre les principes
qu'on a reçus en exécution. Ce tact léger d'un
engagement simple, d'un croisement ou d'un
coulement d'épée, nous prévient quand l'adversaire dégage, quand il détache une botte,
ou qu'il fait d'autres attaques.

Pour rendre le toucher de l'épée délicat, il
faut qu'il nous prévienne que l'adversaire force
notre épée ; car s'il la quitte ou fait un coulement, sans que nous nous en apercevions dis-
tinctement, nous n'avons plus la délicatesse du
tact requise. Obligé d'appuyer fortement sur son
épée, pour être assuré de la joindre, c'est avoir,
pour ainsi dire, la main insensible ; car forcer
au dégagement, ou à céder sa pointe en fati-
guant son bras, c'est un défaut qui vient de la

mauvaise habitude de tenir son épée trop serrée dans la main, au lieu de ne la serrer qu'au
moment de l'action, ce que nous avons ex-
pressément recommandé dès nos premières leçons, et ce que l'on ne doit jamais oublier dans
aucune circonstance qui se présente de mettre
l'épée à la main.

Le coup d'œil fin distingue toutes les vues et
les coups que l'ennemi veut nous porter, et les
distingue dans un instant qui est plus subtil et
plus prompt qu'un éclair. Il faut, pour pouvoir
profiter de cet avantage, cinq choses principales:
1°. que le coup d'œil soit vif, soit juste, et soit
précis : 2°. que le jugement décide, et dans le
même instant, l'endroit où l'on doit toucher : 3°.
il faut beaucoup de sûreté dans la main, pour
exécuter ce que le jugement dicte dans ce moment:
4°. si l'on ajoute la vîtesse à toutes ces facultés,
on est presqu'assuré de triompher : 5°. que tous
les mouvemens de ces actions n'en fassent, pour
ainsi dire, qu'une partie de leur ensemble.

Du défaut de perspicacité et de justesse dans
le coup d'œil, procède un grand inconvénient,
car il arrive par là, ou que l'on manque de partir
quand il le faut, ou que l'on part avant le temps

convenable pour toucher, parce que, d'après un mauvais jugement, tout ce que l'on fait ne peut être que nuisible, sans un heureux hazard, sur lequel on ne doit jamais compter.

Le jugement, qui rend l'homme capable de réflexion dans toutes les actions de la vie, a deux parties particulières, par lesquelles il la dirige dans les armes. L'enseignement lui donne la spéculation par laquelle il compasse, il arrange, il dispose ; la pratique lui donne l'expérience suivant laquelle il juge de tout ce qu'il doit employer pour parvenir au but qu'il se propose.

Dans l'une, le jugement embrasse les causes et les effets ; dans l'autre, il sert à prévenir les desseins et les mouvemens de l'ennemi.

Le jugement, en réglant la volonté, préside à toutes ses opérations ; c'est lui qui, décidant nos actions, les dirige et les caractérise surtout dans les armes, dont il peut être considéré comme l'ame.

Aucune des facultés de l'ame ne veut être obéie avec plus de vitesse et de promptitude que le jugement, et, dans l'art des armes, l'exercice perfectionnant la nature, elle décide la vitesse, sans laquelle on ne peut espérer aucun succès.

Que l'on ne s'imagine pas néanmoins que la vîtesse soit la turbulence et la précipitation.

La première suit le dictamen du jugement; les secondes agissent avant de l'avoir écouté, de l'avoir entendu. L'une suit son plan avec sagesse, et va à son but; l'autre s'en éloigne et méprise ses conseils. La vîtesse est d'autant plus nécessaire, que, sans elle, le coup-d'œil devient inutile, parce qu'elle le doit suivre immédiatement, ou l'avantage qui en résulte est perdu.

De là suit que la flexibilité dans les membres est nécessaire, car il ne peut y avoir de vîtesse sans elle; *non plus* qu'on ne pourrait faire exécuter les évolutions militaires à un paysan la première fois qu'il paraît sous les armes.

Mais il faut encore joindre à la vîtesse la sûreté de la main, qui donne la précision, et que l'on n'acquiert que par l'exercice, et dont on sent d'autant plus la nécessité, qu'après l'avoir discontinuée pendant quelque temps, on sent, lorsqu'on recommence à faire des armes, que les mouvemens sont durs, la main moins réglée et que la vîtesse ne s'exécute qu'avec effort.

CHAPITRE XLIV.

DES GAUCHERS, etc.

C'est une erreur de penser que les gauchers ont plus d'avantage dans les armes que les droitiers. Ils n'ont pas plus de coups et de parades les uns que les autres. Toute la différence est, que les gauchers exécutent souvent avec moins d'adresse quantité de coups d'armes que les droitiers. D'ailleurs ils exécutent dans leurs assauts tous les coups dont nous avons parlé ; et la seule différence que l'on croit apercevoir entre les uns et les autres, vient de ce que les droitiers ont plus rarement affaire avec les gauchers, que ceux-ci avec les droitiers. C'est la raison pour laquelle *le droitier* se trouve plus embarrassé au commencement d'un assaut ; mais pour peu qu'il se soit exercé contre un gaucher, il connaît bientôt le fort ou le faible de son jeu.

D'un gaucher à un gaucher, ce sont nécessairement les mêmes coups et les mêmes parades que de droitier à droitier ; cependant *les* gauchers sont plus déconcertés dans leurs assauts que les droitiers ; lorsqu'ils tirent ensemble pour la première fois.

Lorsqu'on doit faire contre un gaucher, il est essentiel d'être toujours engagé dessus les armes, pour ne pas être désarmé par un coup sec du fort du tranchant de sa lame, que les gauchers paraissent avoir de plus en main, parce qu'ils ont le plus souvent affaire à un droitier.

Il faut avoir soin, lorsque l'on fait assaut avec un gaucher, de se servir du contre-de quarte, du demi-cercle, et du demi-contre-de-quarte, pour parer son coup droit dessus les armes, et riposter du tact-au-tact, en dehors de ses armes. A la *retraite, il faut se servir de* la *parade du demi-cercle*, ou de l'octave dans les attaques que l'on fait. Il faut surtout tirer souvent le coup droit dessus les armes, et jamais dans les armes. Les dégagemens sont très-utiles pour un homme qui file bien la pointe de son épée.

CHAPITRE XLV.
DE L'ASSAUT.

On appelle, l'exécution des principes qu'on a reçus avec la même attention que si, au lieu du fleuret, on avait l'épée à la main.

L'assaut est la véritable représentation d'un combat bien soutenu de part et d'autres.

Il faut surtout avoir soin , lorsqu'on fait assaut , de ne quitter aucun aplomb , que l'on ait touché ou non touché. Il faut toujours s'assurer de l'estomac de l'adversaire et de sa retraite propre.

On voit souvent des férailleurs qui , ayant eu le bonheur de toucher un léger coup , cherchent à faire voir aux spectateurs qu'ils savent tirer des armes, et se dérangent de leurs aplombs; mais il arrive aussi que, se trouvant malheureusement dans un combat sérieux , ils donnent ce léger coup d'épée , et qu'étant dans l'habitude de ne jamais assurer leur retraite , ils baissent leur pointe. Alors l'ennemi , qui est encore en force , en profite , et , trouvant l'occasion favorable d'alonger un grand coup d'épée , il ne la perd pas.

Cette seule explication doit faire prendre garde à ne jamais quitter les aplombs , et de ne se pas trouver dans ce défaut.

Il faut conserver dans l'assaut la présence d'esprit , tout le sang-froid et toute la modération possibles. Alors on ne doit tirer décidément que les grands coups que nous avons démontrés;

mais les tirer, autant qu'il sera possible, à fond, parce qu'ils exposent moins et garantissent plus que les demi - coups : disposez-vous de façon que, dans vos parades, vous ayez de vives ripostes dans une juste mesure, sans jamais donner de retraite à l'adversaire par le tact-au-tact. N'entrez point surtout en mesure sans être prêt à parer : n'oubliez pas non plus d'assurer votre retraite par la parade, soit que vous ayez touché ou non, de peur de recevoir aussitôt une botte d'aventure. Il faut juger ses coups et masquer autant qu'il est possible ses desseins. Il ne faut pas faire de longs assauts et prendre toujours l'adversaire en défaut. *Il faut le faire surtout de* pied ferme, sans s'engager de trop près, afin de pouvoir diriger ses actions à sa volonté. C'est dans ce cas surtout, qu'il s'agit de montrer une adresse soutenue, de la fermeté et de la franchise, sans témoigner la moindre crainte et la moindre faiblesse ; mais cette hardiesse doit être modérée, et conduite par le jugement, de façon que l'adversaire puisse lire dans vos yeux que vous connaissez son jeu, ses feintes et ses desseins, et parvenir par là au point où on veut le toucher.

Pour se croire parvenu à un certain dégré de perfection dans l'art de l'escrime, il ne suffit pas

de savoir exécuter les leçons que l'on a reçues,
il faut encore en savoir donner les raisons et
pourquoi on agit d'une façon plutôt que d'une
autre ; pourquoi on a tiré tel ou tel coup d'épée,
et les risques que l'on a courus. Mais c'est ici où
le maître enseigne aux adeptes, dans les assauts
qu'ils font avec lui, *la théorie de tous les coups.*

Cet exercice préparatoire demande du temps
pour apprendre à éviter tous les défauts des fer-
raillemens ; car c'est en commençant à faire assaut, que l'on contracte de mauvaises habitudes
pour éviter d'être touché par ses camarades, ce
qui fait contracter l'habitude des fausses parades
et à tirer à bras raccourci ; de se déranger des
attitudes et des aplombs qu'un maître s'est donné
la peine d'enseigner.

Dix ou douze jours sont plus que suffisans pour
faire perdre le fruit d'une longue pratique ; suivant les règles et les principes. Il faut prêter une
sérieuse attention à ce que dit et fait le maître,
lorsqu'il enseigne l'usage des assauts ; car c'est
par cette attention que l'on apprend à mettre en
pratique ses principes et à conserver ses aplombs.
Lorsqu'on est une fois sur la route d'attendre une
première force, que l'on en raisonne avec justesse et discernement, c'est seulement alors que
l'on est en état de commencer à faire assaut.

Supposant que l'on va tirer au mur avant de faire assaut, il faut se bien placer en garde.

Il faut prendre sa mesure pour le mur, tirer, avec grâce et précision, dix à douze coups d'épée de volée, et se remettre. Après que le maître a fait faire cet exercice à l'écolier, en le lui montrant, on fait le salut des armes.

Alors on se met en garde avec fermeté et assurance à la première portée de l'adversaire. L'essentiel est de savoir où l'on est engagé, pour ne pas prendre de fausses parades; et, pour que l'écolier puisse plus facilement retenir ces principes, nous allons les réduire en demandes et réponses.

Demande. Où êtes-vous engagé ?

Réponse. Dans les armes.

D. Si on rompt la mesure, que faut-il faire ?

R. Il faut marcher en avant, et s'assurer de l'épée de son adversaire.

D. Que risque-t-on lorsque l'on serre ?

R. On risque que l'on profite de notre marche.

D. Que faut-il faire, si l'adversaire fait un dégagement ?

R. Il faut voir où il est engagé; s'il fait un dégagement dessus les armes, il faut parer tierce et riposter par le tact de seconde.

D. Si l'adversaire marque *l'une*, *deux?*

R. Il faut parer tierce et quarte, le demi-cercle, ou l'octave, ou le contre-de-tierce.

D. De pied ferme, si on sent de la résistance dessus son épée, que faut-il faire ?

R. Il faut faire un dégagement, en saisissant le tact de l'épée de l'adversaire.

D. Que risque-t-on par là ?

R. Que l'adversaire pare son dégagement à sa retraite, soit dans les armes, ou dessus les armes.

D. Si l'adversaire veut parer le contre-de-quarte, que faut-il-faire ?

R. Il faut tromper son contre-de-quarte par un tour et demi dessus les armes.

D. S'il marque *l'une*, *deux* dessus les armes?

R. Il faut parer le contre-de-quarte.

D. Que risque-t-on en parant le contre-de-quarte dessus *l'une*, *deux* de l'adversaire ?

R. Que l'on ne le trompe par *l'une*, *deux*, et un tour d'épée, qu'il parera par le contre-de-quarte et le simple-de-tierce.

D. Si l'adversaire tire un coup droit dans les armes, que faut-il faire ?

R. Si on ne trouve pas de demi-contre-de-tierce, il faut parer le simple-de-quarte.

D. Si l'adversaire passe l'épée dessus les armes, que faut-il faire ?

R. Il faut marquer l'*une*, *deux* dessus les armes, sur son passement d'épée.

D. S'il pare le contre-de-quarte ?

R. Il faut marquer l'*une*, *deux* et un tour d'épée dessus les armes.

On ne prétend pas ici rendre, par ces demandes, un écolier dans le plus haut degré de perfection pour faire assaut, ni rassembler, sous ce peu de principes, tout ce que l'on a enseigné jusqu'ici, mais de lui donner une théorie suffisante, un raisonnement juste, et une connaissance absolument nécessaire, ce qui fait que, pour ne pas surcharger la matière, et ne pas tomber dans des répétitions inévitables, nous nous bornerons à ce que nous venons de dire, et qui doit suffire à un écolier qui commence à faire assaut avec son maître.

CHAPITRE XLVI.

DU BRAS RACCOURCI.

La manière de tirer à bras raccourci est naturelle à quiconque n'a reçu aucun principe dans les armes ; en rapprochant toutes les parties du centre, l'individu qui n'a aucune idée de la force d'extension, croit ajouter un nouveau degré à sa force naturelle en contractant les membres qui doivent agir.

On voit tous les jours des gens se lancer avec hardiesse sur *leurs ennemis*, parce que la fureur *et la colère* les emportent, et leur fait faire des actions téméraires.

Dans les armes, on remarque que ceux qui tirent à bras raccourci ont été jusqu'à présent fort dangereux, vis-à-vis même des bons tireurs et des plus adroits.

Il s'agit donc, pour faire juger de cet objet, de faire faire un adepte avec un homme sans expérience dans les armes, pour voir de quelle façon il débute.

Si on lui met un fleuret à la main en le priant de faire usage de toutes ses forces pour porter un coup, on le voit foncer avec vivacité, et à bras raccourci, par de grands mouvemens. Il ne faut pas s'en étonner; mais parer tous ses coups par la prime et sous-prime, en rompant la mesure, il ne tardera pas long-temps à se fatiguer.

On peut encore parer par les bottes du demi-cercle, et gagnant la lame, en opposant la main gauche, qui devient très-nécessaire dans cette occasion. Si, en rompant la mesure, on a manqué la parade du demi-cercle, on doit se servir de la parade d'octave, qui donne la même riposte.

S'il arrivait que l'on se trouvât serré de façon qu'on n'aurait plus la possibilité de rompre, il faut parer le cercle entier, en obligeant dans tous vos coups la main gauche.

Cela suffit, je pense, pour prouver combien il serait facile de punir la trop fière ignorance et la témérité de quiconque combattrait avec un homme qui a des connaissances et des principes, à bras raccourci.

La science des armes, dit-on, est douteuse dans la pratique contre un téméraire mal-adroit; mais la supériorité que l'on acquiert par la science, par l'habitude de la parade, par la connaissance de la mesure, par la souplesse des membres, par la légéreté de la main, par la justesse et la précision; toutes ces qualités doivent vous garantir, ou il faut dire qu'un milicien en tactique est aussi habile qu'un Turenne.

CHAPITRE XLVII.

DE L'ÉPÉE A LA MAIN.

Pour mettre l'épée à la main , il faut un motif, et ce motif ne peut-être que le point d'honneur chez les nations civilisées , et le désir de sa
propre conservation. C'est proprement dans ce
seul cas qu'il devrait être permis de mettre
l'épée à la main ; autrement la bravoure devient
férocité : l'homme devient injuste par goût et
par prédilection , agresseur par choix de conduite, et cruel par tous *les vices* qui se trouvent
dans un mauvais cœur , et qui en font le ré-
ceptacle de toutes les atrocités.

Le point d'honneur, qui doit être ici le principal motif de l'homme sensé et raisonnable, fut
envisagé sous différens points de vue , suivant
que les nations étaient plus ou moins civilisées,
ou approchaient de l'urbanité qui fait un des
principaux liens de la société.

Quand un homme avait autrefois déclaré qu'il
combattrait, il ne pouvait plus s'en départir ,
et, s'il le faisait, il était condamné à une peine.
De là suivit cette règle , que quand un homme

s'était engagé par sa parole, l'honneur ne lui permettait plus de la rétracter.

Les gentilshommes se battaient entr'eux et avec leurs armes, et les vilains ou serfs, se battaient à pied et au bâton. De là il suivit que le bâton fut l'instrument des outrages , parce qu'un homme qui en avait été battu, avait été traité comme un vilain , au rapport du célèbre président *de Montesquieu* , dans son esprit des lois.

Le désir général de plaire produisit autrefois dans les hommes la galanterie qui n'est point l'amour , mais le délicat, mais le léger , mais le perpétuel mensonge de l'amour , comme on le voit dans les anciens preux chevaliers qui firent de si grandes et de si belles promesses. Or, dit le même *Montesquieu* , je soutiens que, dans les temps des anciens combats , ce fut l'esprit de galanterie qui dut prendre des forces.

Le nom de brave par le point d'honneur a toujours emporté la signification d'un homme honnête, d'un homme bienfaisant , qui , loin de devenir l'agresseur dans aucune circonstance, ne se défendra que lorsqu'un ennemi ne lui laissera pas le temps d'invoquer les secours de la justice et des lois. Il ne laissera jamais effacer

de sa mémoire que les véritables ennemis de
l'état et de la religion sont les seuls qui sont à
combattre.

Mais s'il se trouve pressé par un ennemi qui
le menace, sa propre conservation l'oblige à se
défendre et à mettre en usage ce que l'art, joint
à la nature, lui donne de moyens de ne pas devenir la victime d'un méchant.

Ce n'est point assez d'avoir été prévenu par
le maître des coups que l'on peut éviter l'épée
à la main, il doit encore y ajouter les réflexions
suivantes.

On ne fait, dans les assauts, de feintes, de
temps marqués, d'appels, d'attaques, et doubles attaques, que pour gagner de la sûreté dans
la main, de la légèreté et de l'adresse. Mais,
dans une affaire sérieuse, il en est tout autrement.

Il ne s'agit plus de marquer de feintes sur
lesquelles on pourrait être surpris. Il faut, au
contraire, sur le découvert de quelque coup
qui vous garantisse, prendre le temps ou le
coup d'arrêt. Si vous serrez, il faut revenir
dans votre retraite aux parades simples; celle
du cercle entier ou demi-cercle, mais plus par-
ticulièrement au contre, tant en quarte qu'en

tierce, qui sont les parades qui rencontrent plus facilement l'épée.

Enfin, pour prévenir les coups de surprise, il faut avoir soin de ne se mettre en garde que hors de portée de l'ennemi, l'épée toujours devant soi, pour pouvoir se trouver en défense contre toutes attaques.

Dans le détail de ces leçons, on a évité de faire obliger la main gauche, pour ne pas faire perdre la bonne grâce, qui est même nécessaire dans les alonges.

Mais, comme ici il s'agit de sûreté, on peut s'en servir au besoin.

On ne doit s'émouvoir pour personne, combattre de sang-froid, avec assurance, et sans trop de ménagement ou de colère. On dit ici sang-froid, parce qu'il ne faut pas s'étourdir par la hardiesse, qui devient alors témérité.

L'expérience doit faire distinguer, si l'engagement de l'ennemi est plutôt pour l'attaque que pour la défense. Dans le premier cas, on ne doit s'attacher qu'à parer vivement pour riposter de même. Dans le second, comme l'ennemi ne peut se proposer rien de plus sûr que la parade et la riposte, il est de la prudence de ne pas se découvrir dans ses mouvemens, et de ne pas laisser entrevoir ses desseins. Il faut, au contraire, tâcher de les couvrir ; car c'est à la tête à commander à la main, c'est à elle à diriger ses opérations, sans quoi c'est faire dépendre la victoire du hasard, et la chercher à l'aventure.

CHAPITRE XLVIII.
DE L'UTILITÉ DES MASQUES.

L'avantage qu'il y a de se servir de masques, en tirant des armes, est si grand et si facile à concevoir, qu'il serait inutile et superflu de le démontrer : Néanmoins cet avantage est non seulement négligé, mais inconnu dans beaucoup d'académies. Le masque cependant est un préservatif contre les coups qui peuvent se tirer au visage ; ce qui arrive souvent par la mal-adresse des tireurs, qui, en féraillant, risquent, à chaque instant, de se crever les yeux, ou de se défigurer le visage.

C'est donc sans examen et sans raison que l'on en blâme l'usage dans les Académies, puisque de leur usage il ne peut résulter aucun inconvénient, et que, ne s'en servant pas, il peut en arriver beaucoup.

On convient qu'il peut arriver que des personnes qui seraient accoutumées à se servir de masques, seraient embarrassées, n'en ayant pas, mais cette raison ne peut pas balancer les accidens, dont nous avons parlé, et qui sont d'autant plus à redouter, qu'on ne connaît pas toutes les personnes avec lesquelles on peut avoir affaire.

Il est facile à concevoir qu'une personne accoutumée à se servir de masque, et qui n'en a point dans un moment, n'oublie pas ses principes par cette privation ; autrement, il faudrait dire que qui n'a point de gants bourrés, qui n'ôte pas son habit, qui n'a pas de mules, ne saurait se défendre comme il faut, *ce qui implique* contradiction.

S'il faut des exemples pour engager à se servir de masques, il en est en grand nombre ; mais je me contenterai d'en citer un qui suffira pour faire convenir de leur utilité.

Un jeune homme, grand et d'une jolie figure, était prévôt de salle dans une ville de garnison. Donnant leçon à un de ses amis, il fit un mouvement du corps pour aller au devant du fleuret, en l'appuyant sur son estomac. Le fleuret cassa, le bout lui entra par l'œil gauche dans la cervelle, et avec tant de force, qu'il tomba mort au même instant : malheur pourtant qu'il aurait évité, s'il eût fait usage de masque.

C'est une précaution, et il suffit que c'en soit une pour qu'il faille la prendre.

Les bons masques doivent être légers, mais composés d'un fil d'archal solide, et le grillage ou la maille serrée. Il s'adapte à la tête par un ruban qui se noue derrière, et ne gêne aucunement la vue. Il laisse tous les mouvemens libres et n'oblige à aucune attitude gênée.

On devra convenir encore qu'un homme ayant reçu un coup de bouton au visage, et en craignant un second ou un troisième, hésite de s'alonger, et a une sorte de timidité qui l'empêche d'agir, et lui fait laisser conséquemment, dans un assaut, tout l'avantage à son adversaire, qui ne manque pas d'en profiter.

Le visage étant d'ailleurs une partie essentielle à conserver intact, on ne peut prendre trop de précautions pour qu'il n'y arrive aucune difformité.

CHAPITRE XLIX.

DES DISPOSITIONS NATURELLES, etc.

Exercer ses forces par gradation ; c'est précisément ce qu'exige l'art des armes : *Plutar* que rapporte que *César* , d'une constitution faible et languissante dans sa jeunesse , ne devint un héros infatigable que par ses divers exercices dans le champ de *Mars*. Mais tous les hommes ne sont pas également propres aux différens exercices. Il y en a dont l'activité se prête à tous les mouvemens. Il y en a d'autres qui n'acquièrent cette activité qu'après un long exercice. Dans les uns , il faut suspendre ou arrêter le trop d'activité ; dans les autres il faut l'exciter. Un bon maître qui enseigne son art de vive voix , a soin de joindre les exemples et les démonstrations à la pratique Il examine son Elève avec attention , et s'il lui trouve des dispositions naturelles , de la souplesse dans les nerfs , de la justesse dans le jugement, pour connaître la solidité ou insolidité de ses situations et de ses aplombs , il en profite avec zèle , avec plaisir , pour le conduire par dégrés à la vraie pratique des Armes ; en lui recommandant de ne s'éloigner jamais des règles qu'il lui a enseignées , sans prétendre s'en faire à lui-même, qu'après qu'il est parvenu à la connaissance de toutes celles qui sont de principe, et qu'après avoir accoutumé son corps à tous les mouvemens que les armes exigent.

Ces mouvemens ne sont pas en si grand nombre que plusieurs maîtres les font. Je conviens qu'on ne peut avoir trop de ressources dans une affaire sérieuse ; mais ces ressources se trouvent plutôt dans trois principes certains et démontrés que dans vingt, dont la multitude empêche de faire la véritable application. Je n'ai pas parlé, dans le cours de mon traité, des gardes, des voltes, des passes, des coups de fouets, des quartes basses, des flanconnades d'attaques, des brisemens de lame, des esquivemens, des désarmemens, etc., parce que toutes ces bottes, tous ces coups sont indistinctement mauvais et ne conviennent qu'à des ferrailleurs, parce qu'ils font perdre la grâce, la liberté, la fermeté et la sûreté, qu'il est essentiel de conserver ; que les attitudes contre nature qu'ils exigent, épuisant les forces en les divisant, deviennent des ressources impossibles, des périls évidens, des défaites certaines. Nous le disons avec d'autant plus de confiance, que toute contrainte quelconque mettant le corps hors de ses aplombs, il n'est pas possible qu'il exécute un coup selon les règles.

Ces sortes d'attitudes, ou plutôt de contorsions, ne peuvent faire contracter à la jeunesse

que de très-mauvaises habitudes, et leur donner
d'un art, dont la noblesse et la grandeur d'ame
doivent être les principes, des idées aussi ram-
pantes que triviales. La nature a des règles
qu'elle suit sans se gêner, mais d'abord qu'on
l'en fait sortir, elle perd la grâce et la beauté,
qui lui sont naturelles. L'homme peut marcher,
peut danser, peut courir, ce sont des qualités
qui lui sont propres, mais il ne doit pas excé-
der ses forces dans ses exercices, autrement il
sent sa faiblesse et perd toute sa dextérité.

D'ailleurs, comme l'enfant n'acquiert des forces pour marcher qu'en les exerçant peu à peu,
l'adolescent ne prend les attitudes qui conviennent aux arts d'exercice, qu'en s'y exerçant de
même, et par gradation. S'étendre, par exemple, dans les armes, c'est régler sur la nature la mesure que l'on doit observer. Si on
excède cette mesure par une position et des mouvemens défectueux, cette même nature, enne-
mie de la gêne et de la contrainte, se fait voir
sous un aspect irrégulier et désagréable.

Les règles des armes exigent avant tout, de
se bien présenter, à avoir une contenance assu-
rée et modeste, à marcher d'un air aisé et naturel, à se tenir droit, à ne point se mettre dans

des postures indécentes, à ne pas non plus s'abandonner à une certaine nonchalance. Rien n'est plus sage que d'éviter les deux extrémités, qui sont également vicieuses. Il faut surtout éviter ces airs de petits-maîtres par lesquels bien des gens veulent se distinguer : et, en cherchant à proposer un modèle, nous n'avons pas choisi le moindre.

La politesse qui tient quelque chose du corps et de l'esprit, est encore une qualité essentielle. Elle consiste à ne point trop s'aimer soi-même, à ne point tout rapporter à soi, à éviter de rien faire et de rien dire qui puisse blesser les autres, à chercher les occasions de leur faire plaisir et à préférer leurs commodités et leurs volontés aux siennes. Quand on s'est exercé à la pratique de ces maximes, la politesse ne coûte plus rien.

Pour acquérir la libre extension du corps sous les armes, il faut s'alonger, se retirer, se baisser, se reculer avec grâce, sans gêne et avec célérité ; sans cela, le corps reste appesanti, engourdi, et laisse dans ses mouvemens une insipide monotonie qui l'empêche d'acquérir aucun talent supérieur à la classe animale.

Le premier exercice du corps qu'exigent les

armes, c'est que la cuisse et la jambe gauche ne fassent avec le bras droit, autant qu'il est possible, qu'une ligne droite; comme nous l'avons enseigné; que le pied droit fléchi tombe perpendiculairement sur le sol, et que le bras gauche, qui empêche le buste de s'incliner trop en avant, se hausse et se baisse régulièrement pour donner plus de vîtesse à l'action; car, dans les armes, il faut nécessairement de la vîtesse, mais toujours réglée par la prudence, l'honneur et le discernement; par la prudence pour juger du dessein de l'ennemi; par l'honneur, pour le ménager autant qu'il est possible; par le discernement, pour n'en être pas la victime.

Le vrai alongement, ou extension, est lorsque, pouvant atteindre son adversaire de sa lame, on se sent assez de force pour se relever sans gêne, et en liberté; ce qu'on est bien éloigné de faire, si le coup est trop retenu ou trop alongé dans son impulsion.

Un coup retenu n'est jamais aussi prompt que celui qui est porté dans l'alongement entier, parce qu'il n'opère qu'une partie de l'action dont il faut contraindre la force motrice qui l'opère.

Un coup trop alongé est encore plus dangereux, parce que, celui qui le tire ne pouvant

se relever qu'en plusieurs temps, son adversaire
à le loisir de le toucher plusieurs fois, ou d'en
venir au désarmement. On voit donc qu'il n'y
a point d'exercice qui requiert plus de prudence
que celui des armes.

Mais il résulte d'un trop grand allongement
plusieurs autres inconvéniens aussi dangereux :
1.º le corps, par sa pente en avant, se trouve
hors d'aplomb et dans une situation génante ;
2.º par le peu de force qui lui reste dans cette
situation, il assujettit par son poids et sa gra-
vité ; 3º il ne peut se relever qu'avec beaucoup
de peine, et en plusieurs temps, outre que l'esprit se trouble en pensant à sa défense dans une
situation si génante ; 4º son bras armé, mais
dépourvu des forces qui doivent le faire agir,
ne le protège plus dans ce désordre. D'où il est
évident qu'il ne faut pas trop retenir son extension, ni la trop forcer, pour ne pas rendre la
botte inutile ou dangereuse.

Dès que toute la défense dans le combat se
tire de l'épée, que le bras gauche, en s'éten-
dant en arrière, ne sert qu'à faciliter le relève-
ment et à augmenter la vîtesse de l'impulsion
du bras droit, on doit s'étendre, sans abandonner le corps, de façon que l'extension ne

soit pas si forcée qu'on ne puisse se relever avec facilité.

On doit encore observer que la façon de s'allonger n'est pas toujours la même, qu'on doit faire attention au local, et qu'il y a de la différence entre un terrain ferme, uni et solide, et un autre qui est glissant, mouvant ou tortueux, sur lequel on ne peut s'étendre également, dans la crainte que le pied gauche venant à glisser, ou le pied droit à vaciller, on ne pût se relever promptement; mais, dans un cas comme dans l'autre, on ne doit pas perdre de vue les dispositions essentielles. Des grâces sans affectation, du courage sans témérité, de l'élasticité et de la souplesse dans les nerfs, de la fermeté sur les hanches, et surtout beaucoup de prudence, sont des dispositions que requiert l'art des armes et qui s'acquièrent facilement par l'exercice, lorsque l'émulation et l'honneur animent celui qui s'y livre.

CHAPITRE L.

DE L'UTILITÉ ET ANCIENNETÉ DE L'ART DES ARMES.
LA FORCE DU POIGNET VANTÉE PAR QUELQUES-
UNS, EST ABUSIVE.

Si tous les hommes avaient conservé les qualités et les vertus qu'ils devraient avoir; s'ils consi-
déraient les autres individus de la société, comme
leurs parens, leurs amis, leurs semblables, les
armes, sans doute, seraient moins nécessaires,
mais les défauts des hommes sont plus anciens
que cet art; et ce sont ces mêmes défauts qui
l'ont rendu nécessaire. Le monde étant rempli
d'hommes prompts, colériques, cruels, de
prétendus valeureux champions, de chevaliers
errans, de preux Dom-Quichotte, de militaires
rodomonts, et d'ombrageux brétailleurs, trop
orgueilleux pour s'humaniser, trop enflés de
leur mérite, pour ne pas croire en imposer à
toute la terre, ils regardent le reste des hommes avec une fierté si impertinente, qu'ils semblent les avertir de serrer les rangs pour leur
faire place. Ils croyent qu'une arme, qu'ils me-
nacent de tirer, sans savoir peut-être en faire

usage, doit les faire passer pour gens d'honneur et pour braves.

Rien de plus commun dans le monde que des gens perdus de réputation, qui veulent et cherchent à se battre pour acquérir ou pour conserver l'honneur qu'ils n'auront jamais ; et qui, si on leur reproche, même par principe de charité, leur impertinence, leur brutalité, leur fanfaronnade, leurs mensonges, leur mauvaise foi, vous provoquent au combat.

Il en est d'une autre espèce qui ne peuvent convenir de leur tort, d'une parole indiscrète, d'un sarcasme offensant, d'une satyre outrageante, et qui, ne voulant avouer qu'ils ont fait une sottise, en commettent une seconde en cherchant à se battre.

Il est donc essentiel de s'appliquer à l'art des armes, non pour provoquer, pour attaquer, même pour vaincre ses semblables, mais pour se défendre.

L'art des armes fut reconnu de tout temps pour si essentiel, si utile, qu'il fut en honneur chez les plus anciens peuples, et qu'un sexe d'un tact plus délicat que le nôtre en fit sa principale occupation. On comprend, sans doute, que je veux parler des amazones, qui descendaient des

Scythes, et qui, s'étant formées en république, vengèrent, par la pointe de leurs épées, la mort de leurs maris.

Les Athéniens firent de l'art des armes un des principaux articles de l'éducation de leurs enfans. Il fut en *si grand honneur* parmi les Romains, qu'un jeune citoyen n'était considéré qu'autant que les arts d'exercice et d'adresse l'avaient rendu capable d'être utile à la patrie. Les dames romaines étaient jalouses de s'y distinguer elles - mêmes : les filles des *Lepides* , des *Metellus* , des *Fabius* , non contentes d'avoir vaincu des maîtres , prenaient le casque en tête et se couvraient un autre jour des robes de Gladiateurs , et donnaient des combats entr'elles , et ces combats étaient *honorés de la présence* des empereurs. Les Gladiateurs qui étaient vaincus dans le combat , étaient obligés, au rapport de *Juvenal* , de *Pline* et de *Pétrarque* , de se démasquer aux yeux de tous les spectateurs , et de traverser toute l'arène en se retirant : ce qui était un motif bien puissant pour engager les combattans à faire de leur mieux pour ne pas s'exposer à l'affront cruel d'avoir été vaincus.

Mais, il s'en fallait beaucoup que l'art des

armes fût ce qu'il est aujourd'hui ; la force en faisait le principal mérite, au lieu qu'il consiste dans la dextérité et dans l'adresse.

Nous savons néanmoins qu'il y a des gens qui font consister le principal mérite des armes dans la force du poignet, mais cette assertion est d'autant plus fausse, que les plus forts dans cette partie seraient invulnérables, et que l'art et l'adresse deviendraient inutiles. Il est certain, dit *Polybe*, qu'en fait de combat, la ruse, l'adresse et la finesse peuvent beaucoup plus que la force, et, pour appuyer cette vérité, il cite l'exemple d'*Annibal*, qui, par ses stratagèmes, sa ruse et sa finesse, trompa le plus avisé des généraux.

Nous ne multiplierons pas les preuves contre une assertion dont une infinité d'exemples montrent journellement la futilité et l'invraisemblance.

CHAPITRE LI.

LES RÈGLES LES PLUS SIMPLES SONT LES MEILLEURES ; DU DÉFAUT DU COUP DE QUARTE-BASSE ; etc.

En cherchant à augmenter le nombre des gardes on augmente les difficultés, parce que,

plus il y a de complications pour le développement d'un principe, plus il est difficile à com-
prendre, moins il est aisé de le mettre en pratique. Ceux qui le font, dans les armes, n'en
agissent ainsi que pour cacher leur ignorance,
parce que, parant tous les coups possibles, par
la garde régulière, il est inutile d'en enseigner
d'autres, qui ne peuvent que multiplier les difficultés et l'embarras dans l'esprit des Clercs,
pour lesquels on ne saurait trop simplifier les
principes. Car, en les leur multipliant, on leur
charge la tête, et lorsqu'il s'agit d'en faire choix
dans une nécessité urgente, ils sont embarrassés
et saisissent souvent les plus mauvais.

J'ai dit, et je répète, que, possédant bien
la garde régulière, on est en état de se passer
de toutes celles que des maîtres, quoiqu'habiles,
enseignent à leurs élèves, parce que toutes ces
gardes ne sont que des accessoires à la garde
régulière, qui préserve celui qui s'y tient de
toute attaque, soit de la part d'un adversaire de
grande ou de petite taille.

Le coup de quarte-basse n'a été imaginé par
quelques maîtres, que pour des combattans
d'une taille différente, mais il est d'autant plus
dangereux, qu'il découvre toute la partie du

corps, qu'il faut nécessairement abandonnner, pour tirer hors de la ligne, et qu'en général le coup de quarte-basse ne peut produire aucun effet favorable.

J'aurais pu certainement augmenter cet ouvrage de plusieurs chapitres, de pratiques suivies et enseignées dans les salles réputées; mais cherchant à simplifier les principes, à en éloigner tout ce qui peut en distraire, et négligeant l'accessoire pour ne m'en tenir qu'au principal, j'ai même réduit les treize mouvemens qui se font dans les armes pour rendre un coup d'épée au but aux trois principaux dont les dix autres sont dérivés et peu sensibles dans la pratique.

Un des points les plus essentiels de l'éducation; étant de rendre à la jeunesse les exercices aimables, il est donc essentiel d'en écarter tout ce qui peut non seulement l'en dégoûter, mais qui, loin de pouvoir lui être utile, peut, dans l'occasion, devenir un embarras pour elle. Je conviens que la meilleure façon d'enseigner une science est l'analyse; mais l'analyse, qui décompose pour parvenir à la connaissance des parties qui forment un tout, devient inutile sur celles qui lui sont non-seulement hétérogènes, mais qui sont encore vicieuses et dangereuses pour celui qui en ferait usage.

Les flanconnades d'attaque, les brisemens d'épée, le désarmement, les engagemens forcés, sont encore de ce genre : 1.°, parce que les flanconnades sont une espèce de ferraillement dangereux qui ne peut produire que beaucoup de coups fourrés, qui sont aussi contraires à la probité que l'art des armes est noble : 2.°, il est d'autant moins nécessaire d'enseigner le brisement d'épée à la jeunesse, qu'elle n'y donne que trop naturellement, et trop malheureusement d'elle-même : 3.°, le désarmement est une espèce d'assassinat qui doit répugner à tout homme d'honneur, qui, s'y livrant dans l'occasion, devrait, pour ainsi dire, malgré lui, devenir cruel, pour n'être pas souvent la victime de son humanité et de sa compassion : 4.°, les engagemens forcés exigent d'outrer les forces, et l'on conçoit facilement que les forces étant mal employées elles ne peuvent faire contracter que de mauvaises habitudes, tomber dans des défauts, sans pouvoir être d'aucune ressource.

CHAPITRE LII.

DE LA PARADE DU DEMI-CERCLE; DISPOSITIONS POUR LES AUTRES; EXPLICATIONS DE LA CÔTE SUPÉRIEURE.

Lorsqu'on est dans le cas d'user de la parade du demi-cercle, c'est-à-dire, lorsqu'un adversaire fait un dégagement dans les armes, si vous ne trouvez pas l'épée du demi-cercle, au lieu d'aller chercher l'octave, il faut barrer aussi-tôt l'épée de quarte, ce qui abrège les difficultés qui se rencontrent à la suite de l'octave, et la rend conséquemment plus facile, parce qu'il n'y a plus de suite à en attendre ni à en craindre. En barrant l'epée après avoir paré le demi-cercle, tous les mouvemens viennent à cesser; de sorte que l'on voit par ce seul objet combien je cherche à simplifier les choses.

Quoiqu'on ait prétendu, qu'outre les trois positions générales du poignet, il y en a une infinité d'autres, il ne peut y avoir de dégrés déterminés du poignet pour la garde. On doit à cet égard étudier la nature, la plier sans contrainte, rendre les mouvemens aisés dans les

jointures, dégager le corps et les épaules, pour
rendre le bras souple, et bien asseoir les hanches, pour que chaque partie puisse agir avec
autant de liberté que d'harmonie : ce sont des
dispositions si nécessaires, qu'on ne saurait
trop en recommander la pratique et l'acquisi-
tion parfaite.

Nous avons plusieurs fois parlé, dans le cours
de ce traité, de la côte supérieure, sans en
donner l'explication, parce que nous avons cru
qu'il suffisait de dire les ongles en haut. Mais,
dans la crainte que quelqu'élève ne nous com-
prît pas, nous l'expliquerons ici. On sait qu'un
fleuret a quatres côtes; qu'étant en garde, deux
de ces côtes sont en dedans et deux en dehors ;
de sorte qu'en parant quarte, tierce et le demi-
cercle, ainsi que toutes les autres parades qui
dérivent de ces trois-là, la côte que nous appe-
lons supérieure est celle qui est inférieure des
deux qui en sont dedans, et qui est appelée du
nom de supérieure ; que parent toutes les parades
que nous venons de dire, par le mouvement
qui fait trouver les ongles en haut. Au moyen
de cette courte explication, nous pensons qu'il
n'y aura personne qui ne comprenne ce mouvement, et qui ne sache ce que nous entendons
par côte supérieure.

CHAPITRE LIII.

DÉFAUT DE TOUTES LES ATTITUDES FORCÉES, DE MAR-
QUER DES FEINTES A LA RETRAITE, ET DE TIRER
A TOUTE FEINTE SANS RIPOSTE ; JUGEMENT DE
L'EXTENSION.

Je mets au rang des attitudes forcées les passes, les voltes, les esquivemens de corps, les
alonges outrées. Elles sont d'autant plus dangereuses, qu'il faut de la contrainte pour les faire, et que toute contrainte dérangeant naturellement les aplombs, les régles sont enfreintes.
Le corps n'agissant plus dans ses proportions,
n'a plus ni la force, ni la régularité des mouvemens que les différentes opérations des armes exigent. C'est, au contraire, en épuiser la source ;
c'est vouloir qu'un homme, après une longue
course, respire aussi facilement qu'en la commençant, et que celui qui a excédé ses forces en
conserve encore la même quantité.

On doit d'autant moins marquer de feintes à
la retraite, qu'il en résulte de très-mauvaises
suites. Lorsque le poignet seul agit, sans que
le corps se dérange de ses aplombs ni l'avant

bras de sa ligne, il n'est pas nécessaire de marquer une feinte, puisqu'on peut toujours rendre la riposte du tact au tact, comme nous l'avons dit au chapitre où nous en traitons.

C'est encore un défaut de tirer à toute feinte sans riposter, parce qu'en tirant ainsi, on ne peut avoir la riposte du tact au tact, qui est la chose la plus essentielle dans les armes, et qu'on ne saurait trop recommander aux élèves. D'ailleurs, ces façons d'agir sont conformes aux principes honnêtes de la défense légitime, qui est le seul motif qui puisse faire mettre à un galant homme l'épée à la main.

Les fibres du corps humain les plus solides étant susceptibles d'allongement et d'accourcissement avec une force élastique, ils ont conséquemment du ressort et un degré fixe et déterminé de cohésion jusqu'à un certain degré ; et quoique l'extension soit plus ou moins grande dans les uns que dans les autres, il est toujours difficile de la bien connaître. Avant de l'essayer par le mouvement, on commence à la pratiquer, en plaçant le genou droit perpendiculairement à la boucle du pied droit, en tenant la jambe gauche allongée, comme on l'a vu au commencement de ce traité. C'est l'effet et l'ap-

plication de la mesure que la nature règle ,
parce que ce qui est juste est agréable , et que ce
qui est naturel est aisé. D'où l'on doit conclure
que toutes les fausses positions , les mouvemens
outrés , les situations gauches et gênées , sont
d'autant moins propres aux armes et plus dangereuses , que tout ce qui sort de la nature en
épuise les forces et l'agrément , et ne peut être
d'aucune utilité. Tout ce qui sort du cercle que
l'homme doit circonscrire pour ses facultés , devient un vice , quelque nom qu'on lui donne.

F I N.

IMPRIMERIE DE BLOCQUEL , à LILLE.

TABLE
DES CHAPITRES

Contenus dans ce livre.

FIN DE LA TABLE.

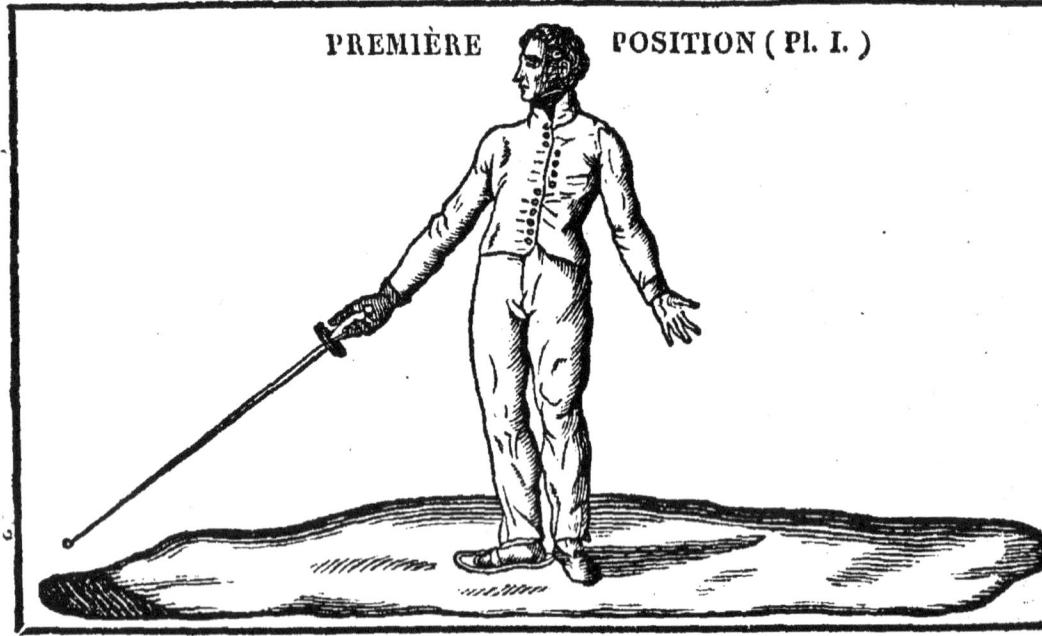

PREMIÈRE POSITION (Pl. I.)

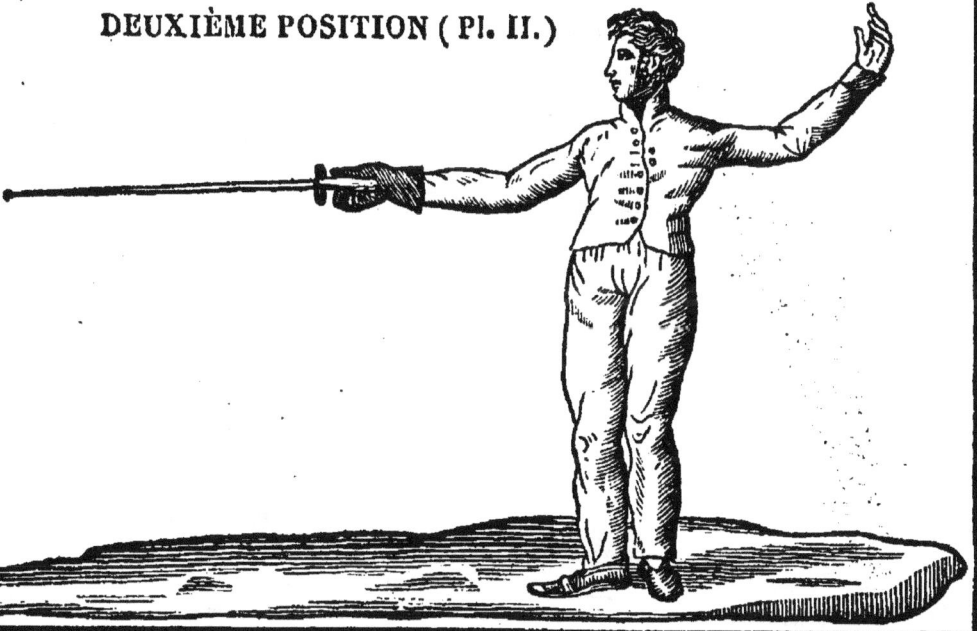

DEUXIÈME POSITION (Pl. II.)

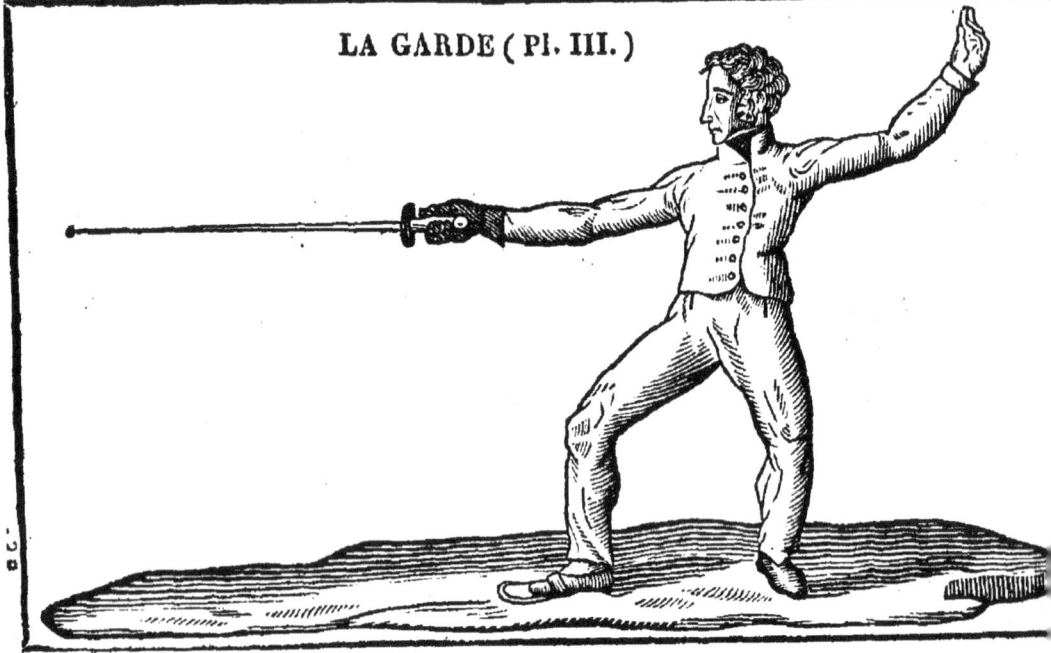

LA GARDE (Pl. III.)

PREMIER MOUVEMENT

*Pour rendre le coup d'épée
à son but* (Pl. IV.)

SECOND MOUVEMENT

Pour rendre le coup d'épée à son but (Pl. V.)

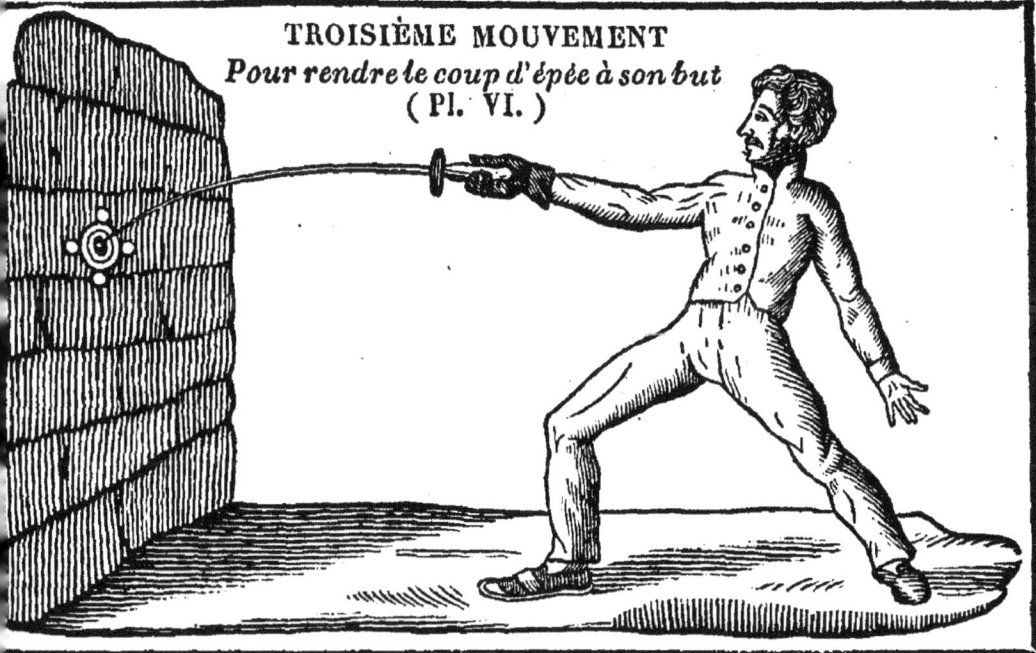

TROISIÈME MOUVEMENT
Pour rendre le coup d'épée à son but
(Pl. VI.)

PARADE DE QUARTE (Pl. VII.)

PARADE DE TIERCE SUR TIERCE
(Pl. VIII.)

PARADE DE QUARTE DESSUS LES ARMES (Pl. IX.)

PARADE DE SECONDE (Pl. X.)

PARADE DE DEMI-CERCLE (Pl. XI.)

PARADE D'OCTAVE (Pl. XII.)

PARADE DE PRIME (Pl. XIII.)

L'ASSAUT (Pl. XIV.)

www.ingramcontent.com/pod-product-compliance
Lightning Source LLC
Chambersburg PA
CBHW050023100426

42739CB00011B/2765